风靡日本的职场沟通金律

备受好评的
请示、汇报技巧

报联商系列之一

报联商

职场沟通必修课 基础篇（修订本）

職場でのコミュニケーションに必要な技能。

[日] 古贺传浔◎著

電子工業出版社
Publishing House of Electronics Industry
北京·BEIJING

版权贸易合同登记号　图字：01-2021-3848

图书在版编目（CIP）数据

报联商：职场沟通必修课. 基础篇 /（日）古贺传浔著. —修订本. —北京：电子工业出版社，2021.9

ISBN 978-7-121-35785-5

Ⅰ. ①报… Ⅱ. ①古… Ⅲ. ①人际关系学 Ⅳ. ①C912.11

中国版本图书馆 CIP 数据核字（2021）第 146864 号

责任编辑：王　斌　　　　　特约编辑：田学清
印　　刷：北京天宇星印刷厂
装　　订：北京天宇星印刷厂
出版发行：电子工业出版社
　　　　　北京市海淀区万寿路 173 信箱　　　邮编：100036
开　　本：720×1000　1/16　印张：17.5　字数：285.6 千字
版　　次：2016 年 3 月第 1 版
　　　　　2021 年 9 月第 2 版
印　　次：2022 年 9 月第 2 次印刷
定　　价：68.00 元

凡所购买电子工业出版社图书有缺损问题，请向购买书店调换。若书店售缺，请与本社发行部联系，联系及邮购电话：（010）88254888，88258888。

质量投诉请发邮件至 zlts@phei.com.cn，盗版侵权举报请发邮件至 dbqq@phei.com.cn。

本书咨询联系方式：（010）88254199，sjb@phei.com.cn。

本书的宗旨

本书的核心内容，可以概括为一个字“去”：

- 去汇报，别不去！上级盼着你去汇报呢。
- 去联络，别不去！别让信息浪费在自己这里。
- 去商谈，别不去！找人商谈一下，总会有办法的。

再版序言

为什么要修订

《报联商——职场沟通必修课（基础篇）》自 2016 年 3 月出版以来，至今已经加印到第 15 次了。看到它如此受市场、读者的欢迎，我深受鼓舞。

然而，在我眼里它仍然是有缺陷的。就像装修房子一样，写书也是“遗憾工程”——总是在完工后才感觉到，“这里应该这样写，那里要是那样就好了”。

本书是由教材整理而成的，我撰写本书的目的是辅助教学，本书出版面市后，对教学起到了如虎添翼的作用，但也存在着缺陷和不足——毕竟我是第一次写作，没有经验，不仅遗漏了一些内容，还发现书中有很多表述不严谨、不贴切的地方。加之在后续的创作中，这几年按照动笔前制订的系列丛书写作计划，陆续撰写了第二册《报联商——职场沟通必修课（实战篇）》（已于 2018 年 10 月出版）和第三册“活用篇”（预计在 2022 年出版），还有计划中的“应用篇”“干部篇”，把这本放到系列五册里来俯瞰时，我觉得对其逻辑架构、内容安排和某些表述需要做出一些修订和调整。

综上原因，我对本书做了全面审核，逐字逐句斟酌，推出了修订本。

修订的指导方针

本书是系列五册中的第一册，它所承担的任务是普及知识、澄清观念。

因此，本书以 6W3H 为基本框架展开论述，详细介绍该如何对待汇报、联络、商谈。这对于初次接触报联商文化的读者来讲很有必要，它能为读者后续进一步学习实战操作、高级活用技巧打下牢固的基础。因此，本次修订仍然沿用 6W3H 框架，这方面不做改动。

在本系列丛书继续创作、陆续出版的同时，线下的普及活动也在大力开展。这几年我创办了“报联商普及社”，丰富了“职场的报联商”网站，成功地注册了商标品牌“古贺·报联商®”，并且着手开办师资培训班，邀请更多的讲师参与普及、推广报联商文化的活动。

“古贺·报联商®”与其他沟通课程或书籍相比较，特别之处有两点：

一是它主要探讨组织内上下级间的请示、汇报技巧，设定各种沟通实战场景；

二是它以案例为主、以讲述为辅推进内容、展开讲解，这就是书中案例众多的原因。

在大量的普及实践中，我也调查过读者喜爱本书的原因。读者主要列举了以下几点：

- 案例众多，都很贴近实际情况，精准地击中了当下职场沟通的痛点；
- 虽然市面上沟通方面的书籍很多，但专讲上下级沟通的书少见；
- 此书只讲操作，给出具体的执行方法，落实起来有抓手；
- 像本书这样把请示、汇报讲得如此详细、挖得这么深的中文书不多；
- 语言通俗、大众化，读者阅读起来轻松、易懂易接受。

既然这些都是本书受欢迎的因素，那么就应该保持并将它们发扬光大。

修订作业

此次修订作业对原书结构、内容、案例都没做大的改动，只做了增、补、改、换。对应该在基础阶段交代却遗漏了的内容做了增补，增加了若干案例，对一些铁则的文字表述做了修改、调整。

希望本书的修订本能为普及报联商活动发挥开路先锋的作用，也能更实际、高效地为读者后续的学习打下坚实的基础，继续为广大读者服务，为在职场打拼的人士提供营养、正能量。

古贺传浔

2021 年春

前言

日本企业管理的高效率是举世闻名的，这主要得益于一种企业内部的高效沟通模式——报联商。

笔者在二十多年前进入日本企业工作时，对这种诞生于日本并早已在其各个领域普及的沟通模式——报联商（请示、汇报的技巧）——竟一无所知。对于报联商，笔者从开始的不知到渐渐知之，从对异文化的不理解到理解，从心理抗拒、行为排斥到欣然接受，从在执行中尝到甜头到自觉执行，从不会运用到运用娴熟，从纯日本模式到把它改造成适合中国国情的模式，而这个过程恰恰就是笔者的升迁之路！

笔者回顾这个过程，尤其在理解了报联商的真髓、掌握了它的技巧，并全面贯彻实行之后的几年里，自己的升迁速度明显加快。这也佐证了运用报联商这种沟通模式，既可以提高工作效率，更好地给企业创造效益和财富，也可以给自己的职业生涯带来实实在在的成果。

近几年，笔者就此课题已应邀到众多的企业去给中国员工做讲解，分享自己的体会。原以为这种诞生于日本的企业沟通文化只会受到在华日本企业的欢迎，不料，笔者在实践中发现，无论是日本企业还是中国民营企业，甚至中国国有企业的领导、员工听后都反映这是一种通用的技能，将这些知识和沟通技巧运用到任何团队里都非常合适、非常实用。因此，很多朋友建议笔者把它整理成书，以便更多的人能学习这种实战型的沟通文化。

如今，全球一体化风潮强劲，文化早已打破国界，任何民族的文化只要是优秀的，就是全人类的共同财富。本着“他山之石，可以攻玉”的想法，笔者计划将报联商的知识和技巧，系统、全面地奉献给中国的广大读者。期待本书能为企业管理提供一种参考工具，为提高团队内的沟通效率略尽绵薄之力；也为年轻人提供一些启发，以便他们在职业生涯中少走一些弯路。

在本书中，笔者以自己的亲身经历为依托，深入浅出地介绍了报联商的基础知识和运用技巧。根据实践经验，笔者尽量从实战角度出发，尽可能全面地涵盖职场中频繁发生的各种情况下的请示、汇报场景，将其作为剖析案例，做出深入浅出的分析和解说，不仅指出错误的应对错在哪儿了、为什么是错的，而且一一给出正确的应对方法。这对于年轻人来说比较实用，应该能起到引导的作用。读者可将本书作为实战工具书备于案头，工作中遇到沟通问题时可以临场现查，寻找对策。

总之，本书既献给正在职场上拼搏的年轻人，让他们少走弯路、迅速进步，掌握自己的人生钥匙，去打开事业路上的一扇扇门，改变自己的人生；也献给企业管理者，希望管理者能利用这种技巧在自己的团队里开展信息沟通，提高效益，减少浪费，形成企业文化风气，督促员工执行，并发现和培养后备干部。

本书中的练习题、考卷答案，以及关于报联商知识的更多资料，可登录古贺报联商官方网站查找，或关注笔者微信号 He189398132 获取。

自测：是否需要学习“报联商”这门技能

请你根据实际情况检测一下，自己有没有出现过下面的情况，如果有，请在左侧方框里画“√”。

□ 1. 曾经被上级、同事、客户问过：“那件事情怎么样啦？”

□ 2. 工作中被上级训斥过：“你怎么不早说！”

□ 3. 向上级汇报时不得要领，总是翻来覆去地说车轱辘话。

□ 4. 在人前说话心里紧张，脑子里一片空白，不知该说什么好。

□ 5. 自己想说的总说不清楚，不知该怎样表述才好。

□ 6. 人多时还是保持沉默好，躲着点吧！

□ 7. 和朋友交谈没有问题，一旦谈及工作、面对上级就不行了。

□ 8. 跟客户说话时怕说错了、怕担责任，总不敢说。

□ 9. 见到陌生人不知怎么开口，不知第一句话该怎么说。

□10. 在和别人沟通时，会说出“偶尔”“凑巧”等托词。

□11. 越想简洁地表述越混乱，总是说不到点子上，很懊恼。

□12. 当和同事、朋友聚会时，无法融入大家谈话的气氛中，自己感到孤独。

□13. 怕接电话：自己的电话怕说不清，别人的电话怕接听后转达不清。

□14. 经常被人家说“你真没眼力见儿”。

□15. 自我介绍时底气不足，不知该说什么好，挺为难的。

□16. 虽没有恶意，却总是在不经意间说出伤人的话。

□17. 当别人来问自己某件事时，脱口而出的是“我正想跟你说……”。

□18. 被别人评价过“说话显得没有自信”。

结论：

如果有5项以上画“√”，那就说明你需要学习报联商技能。

目录

第1章　绪论 1

我们真的会汇报、联络、商谈吗 1

什么是报联商 3

我们身边尴尬的现状 4

直接的沟通——不畅 4

间接的沟通——更不畅 5

说不到点子上 5

只知道汇报结果 6

为什么要实行报联商 7

团队内的信息沟通必须依靠报联商 7

用报联商可以更好地塑造自己的人生 8

必须澄清的两个基本观念 9

报联商是伴随终生的外围“副业”和“润滑剂” 9

上级是员工在职场里最大的“外部环境” 9

实施报联商所需要的基础环境和氛围 9

牢固树立团队协作的意识 9

站在对方的立场，替他人着想 10

运用6W3H的方法沟通 10

运用P-D-C-A工作法 11

报联商要注意讲究T.P.O. 12

养成做记录的好习惯 12

第2章　学会接受指示 13

正确地接受指示很重要，这是把工作做好的根本 13

如何接受指示……15
被召唤时要应答，尽快过去……15
上级讲话时做记录，中途不要打断……16
全部弄清后复述，确认指示的内容……19
复述之后再询问，补充不清楚的地方……21
最重要的是意图，全面摸清上级脑子里的蓝图……23
接受指示时当场询问清楚很重要……26
巧妙地拒绝接受指示……28
不得不拒绝上级的指示时……28
违法、违背社会公德的指示不能接受……29
第3章　学习“汇报”的技巧——打开晋升的大门……31
What is：什么是汇报……31
Why：为什么要汇报……32
上级交办的工作做完了（哪怕再小的事）要及时汇报……32
汇报是一种义务……33
及时地“告知”其他人，就是工作……34
What：汇报什么……35
汇报计划和想法……35
中间汇报……39
汇报变化……45
做了错事时汇报事实，以便及时补救……48
从失败中吸取教训……49
不自作主张、擅自取舍……52
Who：向谁汇报……54
When：什么时候需要汇报……56
工作开始时要报计划，让上级知情安心……56
一切正常时要报进展，让上级知道状态……57
工作进行中要报信息，和上级共享环境……59
遇到问题时要报方法，和上级商讨对策……59
有所变更时要报预测，让上级了解走向……61
去汇报时要先说结果，避免让上级焦虑……62

上级问及时才报过程，让上级知道细节......63
工作结束后多报感想，和上级共享心得......64
Where：汇报的重点在哪里......65
被询问时的汇报——先说结果（或现状）......65
自己主动去汇报时——说清事由后，还是先说结果......67
应对上级的关心点，而不仅仅是回答......70
上级问到过程时也要汇报，让上级知道细节......72
Which：用什么方式汇报......74
How to：怎么汇报......80
注意寻找合适的汇报时机......80
了解你的沟通对象......83
良好的开始等于成功了一半......83
做好准备再去汇报......86
尽量简明扼要......87
用说话的条理性彻底传递信息......90
带着对策去汇报......92
阐明自己的观点和理由......94
How Much：汇报到什么程度......96
与上级的需求和目的吻合......96
采用多种手段，汇报到位......97
汇报结果后，要设法获得下一步的指示......98
当你拿不准该不该去汇报时怎么办......99
用适合对方的模式去沟通......99
大胆探索，摸清沟通对象的模式......100
失败是另一种意义上的成功......101
需要摸清的对象只有几个人......101
善于总结，随时回顾，在摸索中成长......102
本章小结......103
汇报技巧复习......103
汇报的确认事项......104

第4章　学习“联络”的技巧——成为受大家欢迎的人......105

What is：什么是联络......105

联络的定义……105
联络就是及时地信息共享……105
联络是横向的工作……106
Why：为什么要联络……107
用联络进行团队运作……107
用联络推进工作进展……108
用联络避免经济损失……109
用联络密切联系客户……110
用联络树立公司形象……113
用联络给客户留下好感……113
用联络改善人际关系……114
What：联络什么……117
传达类联络……117
共享类联络……118
安民类联络……121
预见类联络……123
礼节类联络……124
Who：跟谁联络……126
传达（被动式联络）——全员……127
共享（主动式联络）——相关者……128
如何判断谁是需要联络的人……131
When：什么时候需要联络……133
定时联络——信息共享……133
随时联络——让对方知情……135
有变化时联络——通知对方应变……136
一切正常时联络——让对方放心……137
你觉得有必要时联络——储存好感度……138
Where：联络的重点在哪里……140
迅速、及时地联络……140
准确无误地联络……142
不遗漏人员地联络……143
不遗漏内容地联络……145

不扭曲内容地联络……146
Which：用什么方式联络……148
团队内的联络……148
出门在外的联络……150
公司内的联络……152
对外部的联络……153
根据情况选用合适的手段……154
How to：怎么联络……157
注意对方的状态，开始联络时不要唐突……157
增加联络的频率……158
联络的表述要准确，不要造成对方的误解……159
尽量避免使用指代词……164
沟通应该对等……165
How Much：联络到什么程度……169
联络要到位……169
联络一定要确认……172
本章小结……175
联络技巧复习……175
联络的确认事项……176
第5章 学习“商谈”的技巧——发挥集体的力量……177
What is：什么是商谈……177
Why：为什么要商谈……180
团队力量破难题……180
解决问题增效益……181
改善工作提建议……182
What：商谈什么……185
用商谈把握工作方向……185
用商谈破解工作难题……186
用商谈防止错误发生……187
用商谈提高工作效率……188
Who：跟谁商谈……189

选准商谈的对象很重要 189
找上级去商谈——请示 191
找师傅、老员工去商谈——讨教 193
注意打造自己的商谈人才库 193
When：什么时候需要商谈 195
掌握不准意图时，马上确认 195
工作遇到难题时，大胆求助 197
自己犯了错误时，勇敢坦白 199
自己无法判断时，上交信息 200
发觉情况不妙时，拉人参与 202
Where：商谈的重点在哪里 203
不要说谎，说实话 203
不要犹豫，别纠结 204
Which：用什么方式商谈 205
How to：怎么商谈 207
尽早去请示，解决问题 207
找时间切入 208
找人之前自己先努力 210
做好准备再去 212
说明自己的困惑，拿出自己的意见 213
倾听对方的意见 215
保持谦虚的态度 217
How Much：商谈到什么程度 219
本章小结 220
上级的困惑 220
商谈技巧复习 221
请示的诀窍 221
商谈的确认事项 222
第 6 章 报联商实战——学以致用 223
总复习 223
实战演习 224

报告案例（正、误）......224
联络案例（正、误）......233
商谈案例（正、误）......238
报联商技能确认单......244
汇报技能确认单......245
联络技能确认单......246
商谈技能确认单......247

附录 A　各种沟通手段及其优缺点的比较......248

附录 B　给人事干部的建议......251

附录 C　报联商行为检查表（中、日文对照）......253

附录 D　报联商基础技能理解度检测考卷......259

后记......263

第 1 章 绪 论

我们真的会汇报、联络、商谈吗

在日常的工作中，我们几乎每天都会碰到：

- 上级交代的工作做完了，需要汇报；
- 预定的会议时间变更了，需要通知有关人员；
- 工作上遇到了难题，需要请示上级。

只要开展工作，就必须进行沟通。在各种各样的沟通中，最频繁进行的就是汇报、联络、商谈。这种类型的沟通不仅在组织内部进行，在组织的外部环境中，如客户、政府管理机构、有关部门等，也一样在频繁地进行着。

可是，我们能把汇报这件事做好吗？该通知的事情都能及时通知吗？有关人员都知道了吗？

答案是：未必！你可以问问身边的管理人员：你对下属的沟通情况满意吗？

案例 No.1

鲍莲裳答应给老客户 A 部长办一件工作上的小事，可是因为太忙，后来就忘记了。

今天，为了另一件事，鲍莲裳得和自己的科长去拜访A部长。出发前，她给A部长打电话确认日程时，A部长的语气不太好，她心里一惊：哎呀，答应了人家的那件事还没办呢！她头脑一片空白地挂了电话，一时也想不出什么对策。

时间到了，她和科长只好先出发。她一路上心神不宁地想：向科长坦白那件事吗？还是先别说了，也许一会儿见了A部长，人家都不提这事儿呢。最好就当没这回事，先蒙混过去再说。

见了A部长，科长热情地说："部长，最近有什么好事叫上我呀！"不料，A部长生气地说："能有什么好事？你当科长的，不知道那件事吗？"

科长一头雾水，满脸疑问地看着鲍莲裳。鲍莲裳呢？恨不得找个地缝钻进去！

短评：职场中的很多人在信息沟通方面做得实在无法令人满意！需要改进、提高的地方比比皆是。

注：鲍莲裳——在本系列丛书案例中频繁出场的员工，常犯沟通错误。

遇到问题不愿找人沟通的人，往往有这样的心态：

1．工作开始前 —— 正在做准备还没有开始，没什么可报的。
2．工作可以开始了 —— 先做吧，做完了去汇报结果就行了。
3．工作顺利进展中 —— 一切顺利，正在按计划实行呢，没必要汇报。
4．获得了新的信息 —— 这条信息没用吧？
5．发生突发事件了 —— 尽快把问题弄清楚再去汇报。
6．自己遇到困难了 —— 还是尽量自己努力，设法克服困难吧！
7．自己把事搞砸了 —— 还是别把自己的错误暴露给别人看吧！
8．自己难以判断时 —— 去请示这样的小事，会被别人看不起的。
9．有新的想法时 —— 先试着去做，有结果了再说吧！
10．完成任务时 —— 上级总在忙，等他来问时再说吧！

信息时代，企业所需的员工必须具备沟通、协调和自我表现这三种能力。这样一来，员工的沟通能力就显得尤为重要。在日常工作中，绝大部分的沟通是指自己跟上级、同事之间的"汇报、联络、商谈"活动。例如，该汇报什么？

该跟谁去汇报？遇到困难了去找谁请教？什么时候去才合适？怎么汇报上级才不会厌烦？一次汇报好几件事时顺序如何安排？重点如何突出？怎么做才能让客户满意？哪类事选择什么地方谈效果会更好……这里面都有技巧。

什么是报联商

报联商是一种关于沟通的职场文化，也是一种管理工具。它于 20 世纪 80 年代中期诞生于日本。用日语的汉字来书写的话，是“報告・連絡・相談”。

1986 年，日本的山种证券公司的社长（总经理）山崎富治先生出版了一本名为《报联商能把公司做强》（報連相は会社を強くする）的书，把请示、汇报这件事归纳总结为“报联商”三个字，并做了论述。它迅速被敏感的媒体捕捉，于是，财经类报刊上就此展开了广泛的探讨和研究。

由于具有合理性、实战性的沟通效果，借助媒体的力量，报联商在 20 世纪 90 年代初期迅速风靡日本，特别是在商务领域。企业纷纷采用，大量实践，并在沿用、普及的过程中不断将其发展、完善。民间培训公司就“报联商”办专题讲座，专业人士开专题研讨会，更有人出书立著。在大阪这个重视经济的地区，甚至有人发起成立了“报联商协会”，大力普及、深化这项技巧，如今该协会拥有众多的企业、事业单位和个人会员，定期举办活动，出版书刊。

至今，这种职场文化已诞生三十多年，其理论经过长年的实践已趋成熟。它已定格成了当今日本社会通用的一种沟通工具，成为支撑现代信息化社会活动的一根重要支柱。

笔者在十余年的报联商教学实践中深深地体会到，无论是在华的日本企业还是中国的国有企业、民营企业，甚至欧美企业，包括政府这样的事业单位，凡是有上下级关系的地方，报联商作为一种有效的沟通模式就有用武之地，事实上，它广泛受到人们的好评和欢迎。

报、联、商三者各自的定义如下。

- 汇报是一种展现自己的行为，向下达该项工作指示的人报告事情的过程、内容和结果（或现状）。它类似于说明：在应该的时间点，向特定人员说明特定的课题，让对方了解事情的进展。

- 联络就是日常的交往，把与该事有关的信息不加任何修饰地告诉有关人员。它类似于通告：把自己的心情、意见、现状等信息通知对方，希望对方的感觉像自己一样。
- 商谈是指请示、请教，自己对某件事不知该怎么办时，征求上级、老员工的意见、看法，寻求帮助。它类似于商讨：试图佐证自己的意见是否正确的一个过程。

简单地说，“报联商”的目的就是把你知道的内容告诉对方，共享信息，并让对方和你有同感，以便用妥善的沟通来促成对方的反应和行动，以团队的形态克服困难、推进工作。

这三项中，汇报做得好的话，联络和商谈自然也会做得好。

我们身边尴尬的现状

报联商有用的道理，说起来大家似乎都懂，不就是请示、汇报吗？我们每天都在请示、汇报，难道还有谁不会吗？是的，你是在做，但你未必懂得其中的道理，未必详知使用技能，执行起来更可能似是而非，即使掌握了一些技巧，运用起来也未必娴熟。

直接的沟通——不畅

案例 No.2

有一次，我到一家外地企业去做内部的员工培训。

由于第二天一早要上课，所以我前一天下午就到了。负责培训的人事科副科长陪我吃晚饭，席间谈到，因为利用周末培训，还安排了别的活动，所以明天上课的地点定在距离此地两个小时车程的某地。为了保证明天上午9点能准时培训，明早6点就得出发！

由于出发的时间太早，宾馆的餐厅还没开始营业，所以现在就得准备明天的早餐带着路上吃。这位副科长当场就安排同桌的下属到宾馆的小卖部买了面包和盒装牛奶交给了我。

第二天早上6点，这次来接我的人是人事科科长。出发后，车子先拐进宾馆旁边的小食街，科长喊我下车："吃了早餐再走吧！"

我愕然，科长和副科长之间没有就我的早餐问题沟通一下吗？

短评：同一科室的同事之间，信息沟通都是不畅的。

间接的沟通——更不畅

案例 No.3

鲍莲裳：老李，今天下午我要和你讨论某事，小王已经提前和你说了吧？

老　李：啊？今天？小王没有和我说呀！今天不行！

鲍莲裳：小王没跟你说吗？今天再不讨论这件事，我就没办法推进工作啦！

老　李：我今天和客户有约啊！你怎么不早点儿和我约呢？不行不行！

鲍莲裳：唉，这个小王！这下可怎么办呢？

短评：在这样的组织中，协同作战的功能已经丧失！

说不到点子上

案例 No.4

鲍莲裳去拜访 A 公司，谈得不错，客户对她所说的产品很感兴趣，还约了下次带样品来仔细谈。这个好消息应该赶快向科长汇报！

鲍莲裳：科长，我已经从 A 公司出来了。原以为 A 公司离车站挺近的，没想到走了 20 分钟才到。

科　长：是吗？谈的情况怎么样？

鲍莲裳：我只约了联系人小张，不料，来和我谈的还有他们科长和两名技术人员。

科　长：行啦！我问你，结果怎么样？

短评：汇报了，但是不得要领，不懂得对方的期待，抓不住重点。这样的下属怎能获得上级的青睐？

只知道汇报结果

案例 No.5

科长让鲍莲裳做一项工作，但过了几天也没有消息。科长等得心急，直接去问她了。

科　长：小鲍，那件事怎么样啦？

鲍莲裳：哦，正在等候对方的回复，也许不行。

科　长：那你也告诉我一声啊！

鲍莲裳：明天就会有明确答复的，我打算得到准信儿再向您汇报。

短评：上级急于知道现状，下属只知道有了结果才报，其实等候回复也是一种现状，可以向上级汇报。

凡此种种，在我们身边不胜枚举！由于请示、汇报沟通不畅，上下级之间已在无形中出现隔阂，不仅令上级和下属各自困扰不已，而且可能会给团队带来巨大的损失。

为什么要实行报联商

团队内的信息沟通必须依靠报联商

团队是为了达到一定的目的，由众多人聚集在一起共同工作形成的，其成员来自四面八方。团队成员的家庭背景、成长过程、品质性格、现实地位都不尽相同。因此，在团队内部的人与人之间、部门与部门之间，以及内部与外部之间需要密切地进行信息沟通，才能统一想法、统一步调、相互配合、达成共识，使团队保持活力，提高工作效率，避免资源浪费。

如果团队里的每个人都只让信息停留在自己这里而没有及时地让有关人员知道的话，就会导致团队肌体的僵化，行动滞后甚至失误，导致团队不能高效地完成工作，造成不必要的损失。因此，下属与上级之间、有关部门之间、同事之间及外部的沟通是非常重要的。

有的人认为“沟通”是工作以外的事情，不应该占用处理工作事务的宝贵时间。有人说：“最近我真是太忙了，都没有时间和你沟通了。”此人的沟通观念绝对有问题。“沟通”本身就是工作，在某种特定的环境中甚至比处理工作事务还重要。严谨的说法应该是：“不含沟通的工作，不能叫完整的工作。”

报联商就是要通过密切的汇报、沟通、请示等行为，使信息畅通，上意下达，下情上报，让上级能够及时采取妥当的经营对策的一种管理手段。

实行报联商有诸多好处。

- 可以提高团队的工作效率。信息畅通能让上级掌握全局，发生事情可以迅速应对；能让上级对发生的事情做出正确的判断。
- 可以产生巨大的经济效益。正确的报联商能减少浪费、提高效益；团队的力量之所以比个人的力量大，全靠信息畅通。
- 有利于改善服务质量。周到细致的服务来自事前的报联商，可以让客户满意，并能在你和客户之间建立信赖关系。
- 有利于个人的成长。我们实行报联商不是因为公司有规定，也不是因为上级有要求，而是因为报联商能够使你的能力最大限度地发挥，是实现个人价值的最好的工具。因此，实行报联商就是为了自己！

用报联商可以更好地塑造自己的人生

人们下班后，在家里也会遇到沟通问题。

- 孩子拿着分数不高的成绩表不敢跟家长说。
- 家人代接了电话，却忘了跟本人讲。
- 跟老同学好久没见面了，有件事想请他帮忙，怎么说呢？
- 小长假，一家人到哪里去度假？每个人都有自己的想法，怎么才能达成一致？
- 夫妻的某一方，有烦恼也不愿向配偶倾诉。

报联商是一种通用的沟通工具。用好了，它可以化解矛盾、取得共识，它通用于各个领域。

古今世界，商业、社会活动占据我们人生的大部分时间，而其精髓是“人际交往”。解决了人际交往的问题，几乎就解决了人生 90%的问题。因此，不论公私领域，报联商都是重要的沟通工具。

本书强调要用报联商来沟通，这种沟通的目的是使沟通双方的信息充分共享。利用报联商的手段，迅速准确地传递信息，让对方与自己享有同等的信息量和相同的信息认知，其最终目的是使双方达成共识以解决问题。

随时复习

任何事情都附带有相应的信息。只把活儿干了，却忽略了相关信息的处理和传递，在相关人员的眼里，你的工作只完成了一半（有时甚至觉得你根本就没做）。

报联商铁则 之首

不要只顾埋头工作，一定要记得把与该项工作相关的信息做妥善的处理和传递。

注：本系列丛书采用“铁则”的方式总结各节内容所介绍的知识点（知识/观点/技巧/操作方法）。

“铁则”可被视为“即学即用”型工具——读完该节的内容，在职场上按“铁则”去实施落地即可，不需再做二次转化。

必须澄清的两个基本观念

报联商是伴随终生的外围“副业”和“润滑剂”

每个人都有自己的主业，一生从事的都是这项工作，这是必然的。但是，为了让你的主业发展得更好，必须依靠“报联商”这个外围“副业”的辅助和润滑。否则，你的专业技能再强，若不会很好地请示、汇报，那么你在团队里的发展也会受到限制，你的职业生涯之路也会走得磕磕绊绊！

上级是员工在职场里最大的“外部环境”

有一副流行的调侃对联，是这样的：

上联：说你行你就行，不行也行！

下联：说你不行你就不行，行也不行！

横批：不服不行

在职场打拼一定要弄清楚：在这个世上你“行”还是“不行”，究竟是谁说了算。

职场上我们面临很多“外部环境”，比如团队内部的人际关系、做事时的天时地利、物资支撑、资源多寡、邻友的协作力度、政策法规，等等。

对于一个下属来讲，你的上级就是你换不了、躲不开、推不掉、必须随时面对的最大的那个“外部环境”。不把与上级的关系处理好，你很难被认可。

报联商就是让你能正确地处理上下级关系的诀窍、技能。

实施报联商所需要的基础环境和氛围

牢固树立团队协作的意识

- 团队里必须强调协作精神，个人英雄主义行不通！哪个人脱离了团队都不可能独立工作，人们必须协作才能发挥自己的作用。

- 不要以为你知道的别人也知道，你不说的话信息就无法传递。你身边的每个人都来自不同的地方，他们有着不同的成长经历，有自己的特点、背景、性格，怎么会自动自发地和你一样想、一样行动呢？另外，因年龄之差会出现思维代沟，因地位之差会出现上下等级差别。在这样的环境里，我们在沟通时，如果总是想当然行事的话，就会造成沟通障碍。
- 报联商是双向活动。上级对“上对下”的指示有去无回感到不满，同样，下属对“下对上”的请示杳无音信也会感到不满。所以，报联商的双方都要懂得及时反馈，才能让工作在信息的一来一往中被推动着前进。

站在对方的立场，替他人着想

- 不能事事“以我为中心”。实施报联商，必须和对方的模式吻合才能准确无误地达到沟通目的。否则，双方都在自说自话，这种沟通毫无意义。所以，报联商传递的不是你想说的内容，也不是你感兴趣的内容，而应该是对方想听的、感兴趣的内容。
- 树立“替他人着想”的意识。会谈开始前，你询问对方有多少时间接待你了吗？还是只顾着介绍商品？飞机平安抵达了目的地，你给上级发短信报平安了吗？他可在惦念着你是否顺利抵达呢。这件事想请师傅给我出出主意，他挺忙的，我现在去找他合适吗？跟他谈多长时间合适呢？

运用 6W3H 的方法沟通

实技 No.1　6W3H 是一种用英文表示的工作技巧

What —— 什么事，要做什么。

When —— 时间。

Where —— 场所。

Who —— 谁。

Why —— 为什么，指理由、目的、根据。

Which　　　　——什么方式。
How to　　　 ——具体如何做。
How Many　　——多大、多少、什么程度。
How Much　　——费用是多少。

你会用 6W3H 吗？知道怎么用才有意义吗？在和别人的沟通中，你有没有被问过下列问题？

- 你究竟想说什么呀？　（What　内容不清）
- 为什么会这样啊？　（Why　原因不明）
- 这是谁说的呀？　（Who　对象不清）
- 这是在哪儿发生的事呀？　（Where　地点不明）
- 你什么时候跟我说过呀？　（When　时间不明）
- 这哪儿行呀？　（Which　这种方式对方难以接受）
- 怎么弄成了这样呀？　（How to　方法不明）
- 到底有多少产品？　（How Many　数量有问题）
- 太浪费了吧？　（How Much　费用超标）

如果被这样问过，说明你还没有学会运用 6W3H。

学会使用这个工具其实很简单，只要把第一次的答案再问一次“为什么”并做出解答就行了，举例如下。

When　5 日之前我要订购 100 册教材。——为什么？因为要举办讲座。

Where　这 100 册教材的交货地点是交通大学。——为什么？因为讲座在那里举办。

Who　收货人是一个叫童亮亮的人。——为什么？因为这次的讲座由他负责。

运用 P-D-C-A 工作法

报联商也是以 P-D-C-A 循环（又叫戴明环，是美国质量管理专家戴明博士提出的）为基础的。P-D-C-A 循环是全面质量管理所应遵循的科学程序，在质量管理中得到了广泛的应用。

实技 No.2　什么是 P-D-C-A

P-D-C-A 所代表的含义如下：

P（Plan）　—— 计划。包括方针、目标、活动计划、实施细则等，可按 6W3H 确定。

D（Do）　—— 执行。具体实施计划。

C（Check）　—— 检查。在执行过程中，适时地检查、核对、反省。

A（Action）　—— 处理。对检查的结果进行修正处理，形成新的目标，开始下一轮。

报联商要注意讲究 T.P.O.

T.P.O.分别是英语 Time、Place、Occasion 三个词的缩写，即时间、地点、场合。沟通、办事要注意选择合适的时机、合适的地点、合适的场合（注意当时的气氛），也就是要掌握当时的情况，用通俗的话说就是：得有眼力见儿，得会来事儿。

报联商的目的是把你知道的内容告诉对方，并让他产生跟你一样的感觉。那么，如果对方根本无法静下心来，他能听得进去吗？你的报联商沟通能达到目的吗？

养成做记录的好习惯

在工作中、生活中遇到的事也许简单、也许复杂，甚至一件事就有可能包含 6W3H，九个要素俱全，而且都是具体的时间、地点、门牌号、人名、手机号码、商品型号，甚至邮箱地址、银行账号，仅用脑子哪能记得住呢？随身带一个笔记本、一支笔，养成良好的记录习惯，这对自己的工作和生活都有好处。

我们开始工作的第一步是明确工作目标，而目标是上级在布置工作时下达的指示、命令。

然而，我们真的会接受指示吗？答案在第 2 章。

第 2 章 学会接受指示

正确地接受指示很重要，这是把工作做好的根本

案例 No.6

放下电话，科长指示鲍莲裳："马上给咱们公司的泰国工厂送 1 000 个 A 部件，尽快！"

鲍莲裳马上准备好了货物。货物通常都是走海运的，海运的价格便宜，但是得好几天，走空运倒是快，但是价格很贵，怎么办？对，去请示科长！可是，科长正在会客，不方便打扰啊！

如果走海运的话，每天来取货的货代公司的业务员就要到了，但一时半会儿还无法请示科长。在此紧迫时刻，鲍莲裳脑海里出现了今天早会的情景：科长说科里的费用已经超预算了，反复强调要让大家节约，看来，科长是想省钱的。正好货代公司的业务员来了，于是鲍莲裳安排了海运。

两天后，科长接到泰国工厂厂长打来的电话，询问要的货怎么还没到。科长一问鲍莲裳才知道，原来发的海运！科长当时就急了："我不是让你尽快吗？"

短评：到底是谁不对？科长说的“尽快”是“尽快送抵”，鲍莲裳理解的“尽快”是“尽快办理”，两个人没想到一块儿去。为什么呢？皆因鲍莲裳没弄清楚科长的意图！那么，在接受指示的时候，为什么不问问，弄个明白呢？

工作从接受指示开始，你会接受指示吗？

案例 No.7

科长忙活了一阵子，整理好一份材料，喊了声“小鲍”。鲍莲裳应了一声，急忙跑过来。

科　长：今天下午有个会议，我整理出来一份资料，你把它复印一下，我下午要用。

鲍莲裳：（接过资料）明白了，我马上去复印。

下午 1 点，科长来到 2 号会议室，没看到资料。

科　长：小鲍，让你复印的资料呢？

鲍莲裳：我放在 1 号会议室了。

科　长：谁让你放在 1 号会议室的？我在 2 号会议室开会！你复印了多少份？

鲍莲裳：我复印了 15 份。咱们科一共 14 个人，我还多复印了一份呢。

科　长：总部还有 8 个人来出席，共有 22 个人参加会议，15 份怎么够呢？赶快去加印几份！你这个小鲍啊，真不让我省心，这么点事都干不好。

短评：接受指示的时候鲍莲裳回答：明白了！你们知道她明白什么了吗？其实关于如何把这项工作做到上级期待的样子，她什么都没弄明白！

你会觉得，上级在布置任务的时候什么也没说呀！是啊，他没说，你为什么不问呢？作为具体执行者，你在接受指示的时候自己不问清楚，事情办得不能让上级满意，怪谁呢？

问什么呢？6W3H！

例如，还是上述案例，科长布置完任务，鲍莲裳就该问清楚：需要复印多少份（How Much）？几点需要（When）？放在哪里（Where）？是否需要回收（Why）？是否需要装订（How to）？如果有彩色画面的话，是否需要彩色复印？

上级布置任务大多是目的指向性的："小鲍，你把××事做一下。"他只说让你做什么（What），因为此时他需要你帮他做这件事。至于怎么做、何时要做完等其他要素，他往往不会说。这也许是他忘了，也许他以为这些要素"你该明白的"，他不必说。其实，下属不一定清楚上级的想法，此时若不问清楚，你就只能按自己的理解和"想当然"去执行，其结果怎么能和上级的期待相吻合？

如果下属不把问题弄清楚就开始行动，再努力也是做无用功。因为靶子在哪儿都没弄清楚就开枪，即使打中十环，也有可能打错了靶子，不是上级心里想的那个样子——你做完了交给他的结果不是他所期待的！

作为下属，谁都想为上级多做些事，早日获得上级的青睐，进而获得上级的器重，成为上级的"左膀右臂"。可是，如果对于上级交办的任务，你总是不能交出让他满意的答卷的话，是很难获得上级信赖的。

要想跨过这道门槛，首先要学会听取上级对工作的指示，做好报联商。

如何接受指示

被召唤时要应答，尽快过去

任何团队基本上都是先由上级布置任务、再由下属完成上级命令这样一种模式来协作共事的。

- 被上级召唤时要马上应答一声，让上级放心，否则上级都不知道你在不在，心里会疑惑。
- 可以像军人一样答“到”，也可以答“在”“来了”“什么事”。
- 如果手头的事一时无法停下来的话可以先答一声“马上来”或“对不起，请稍等”。待处理完手头事务到上级那里去时记得道歉：“对不起，让您久等了，什么事？”这是应有的礼节。

下面这样就不好，很不严肃。

- 拖长声音：来——啦，请稍等；马上就——去。
- 玩世不恭：什么活儿？什么都行，您尽管说。
- 不耐烦地：这次又是什么事？正忙呢，您急吗？您等会儿行吗？

总之，接受上级指示或听上级布置任务时，应让自己保持一种略微紧张的状态。否则，毫不严肃会破坏气氛，肯定会影响接受任务的质量，或导致领会上级意图不彻底，最终工作做得不能让上级满意时，倒霉的还是你自己！

随时复习

一切工作从接受指示开始，通过 P-D-C-A 循环，到汇报到位结束。

报联商铁则 1

认真接受上级的指示是做好工作的基本保证。

上级讲话时做记录，中途不要打断

去见上级时带上纸笔

被上级召唤时，不要忘了带上纸笔。因为上级布置任务时也许三言两语，很简单就交代完了；也许是一项比较复杂的任务，或者尽管只是三言两语，但里面的时间、地点、人物、数据等要点较多，需要笔记辅助才能全部正确地记住。这时候如果你说“对不起，我回去拿支笔”，或者说“对不起，请借给我一支笔，我记一下”，那你可就太不专业了！

上级布置任务时认真记录

案例 No.8

1. 小鲍，明天下午 4 点之前把这份统计表做出来交给我。
2. 里面所需的市场调查数据，你可以去 A 公司找调查科的张科长有偿转让，这是他的名片。
3. 关于价格，咱们和他们有价格协议，这份数据需付费大约 200 元。
4. 你根据买来的数据做出这份统计表。
5. 注意不要告诉张科长我们是为了新产品开发才做这项工作的。

对于这个指示，该记录什么要点?

1. Who：姓名、公司、职务 —— 去 A 公司找调查科的张科长。
2. What：目的、内容 —— 根据市场调查数据做出统计表。
3. When：日期、时间 —— 明天下午 4 点之前。
4. Where：地点 —— 参照名片。
5. Why：原因 —— 为了新产品开发。
6. How Many：数量多少 —— 1 份。
7. How Much：费用多少 —— 大约 200 元。

不要打断上级的话

当上级给你布置任务时，不要打断他的话，这一点很重要!

例如案例 8，上级刚说到第 2 条“去找张科长”，你如果当场就打断的话：“请问是哪个张？是弓长张还是立早章？”上级会回答你：“是弓长张，名片上有。”这样很可能就打断了上级的思路。因为上级喊你来之前是准备好了要交代给你的内容的，你一打断使他遗忘了一些本该交代的要素，例如第 5 条。那么当张科长问道“你们要这份数据做什么”的时候，你就有可能暴露公司的战略部署，违背上级的意图。那么，最终倒霉的还是你!

所以，不要中途打断，让上级说完。哪怕没听清楚，哪怕上级说的数据不对，都要先听、先记。

你可能会想，不问怎么行呢？他说的数据不对或者我没听清楚，总不能稀里糊涂地去做吧！

是的，必须要问。不是不能问，但要等上级把任务布置完了再问。

随时复习

上级布置工作时，哪怕没听清楚、没听懂，也不要打断，等他说完之后再询问。

报联商铁则 2

上级做指示时不要打断，以免干扰上级的思路。

案例 No.9

下午 2 点，科长从外边给负责发货的鲍莲裳打来电话。

科　长：小鲍，刚才佳能公司的章科长给我打电话说，他们那儿库存的咱们公司的 C 产品快用完了，让咱们最迟在后天上午 10 点给他们送 100 套过去，你马上办理一下。※1

可是，鲍莲裳掌握的情况是：自己这里的库存也只剩 80 套了。※2

鲍莲裳：对不起，科长，我确认两点。刚才您说的是后天上午 10 点，对吧？送货的地点仍然是佳能公司××路上的那个仓库，是吧？※3

科　长：对，后天上午 10 点，就是那个仓库。

鲍莲裳：明白啦，科长。不过，C 产品咱们库里也只剩 80 套了，是不是先送 80 套？※4

这时科长的回答有可能是：

A. 是吗？那你就先送 80 套过去吧，我跟章科长打个招呼，下周再补给他们 20 套。

B. 哦，刚才我接到工厂的通知，已经有 300 套发给咱们了，你就送 100 套给他们吧！※5

短评：有问题也要等听完了再问。

※1　上级做指示时不要打断，哪怕听出他指示的内容里有问题也先记录。

※2　全部听完，详细记录，再确认。确认内容采用 6W3H 模式。

- 有没有没听懂的　　—— Why。
- 协作伙伴明确吗　　—— Who。
- 工作重点清晰吗　　—— Where。
- 有没有疑问点　　—— What。
- 交付期明确吗　　—— When。
- 操作方法有没有问题 —— How to。

※3　在案例 9 中，鲍莲裳在电话里没听清楚的部分有两个，于是马上确认。

※4　疑惑点都确认了，再询问自己不清楚的地方。

如果你没有这个确认，放下电话后擅自送了 80 套，客户会去问科长怎么回事。而科长因不知你这里的具体情况，会摸不着头脑，也无法应对客户。

※5　上级掌握着最新的信息，他会通盘考虑，调度运用的。

全部弄清后复述，确认指示的内容

案例 No.10

上级：（布置任务）。

下属：张总，对于您布置的这项任务我是这样理解的：为了推广这款新产品并迅速占领市场，您安排我组建促销小组，由我负责新招聘 3 名业务员立即着手开发市场，要求我在 3 个月内在上海地区完成 1 000 万元的销售额。根据此任务的需要，从今天起我将拥有人员聘用、业务推广及促销费用调配的权力。张总，是这样吗？

聆听指示时记录要点，确认不明点之后，全面复述。

1．Why　　—— 为什么？推广这款新产品并迅速占领市场。
2．Who　　—— 由谁去做？由我率领新招聘的 3 名业务员组成小组。
3．What　　—— 做什么？开发市场。
4．When　　—— 什么时候？3 个月内。
5．Where　　—— 在哪儿？上海地区。

6．How to　　　—— 怎么做？组建促销小组。

7．How Much　　—— 什么程度？完成 1 000 万元的销售额。

实技 No.3　有意识地练习复述技巧

初学时，可先原话复述：明白了，马上把这些数据做成 Excel 表格。

习惯了，可换方式复述：您是让我把这些数据做成一份统计表吗？

熟练了，可理解性复述：知道了，把这些数据做成一份可以分析的表格是吧？

小贴士 No.1　复述所能起到的作用

- 复述可以确认自己听到的指示内容，是防止工作偏离上级意图的最有效的手段。
- 复述可以让上级全面回顾他下达的指示，帮助他检查自己的指示有无遗漏、是否需要补充。
- 你的复述所引出的上级的补充和追加指示越多、越详细，对你执行该任务越有利。
- 复述可以让上级觉得你听清了他的指示、领会了他的意图，从而对你放心、产生信赖。
- 复述能让上级感觉到你对他的尊敬——不认真记录就不能很好地复述，能如实地复述出来，证明刚才你认真地听他说话了。

随时复习

认真地复述上级下达的指示，能让他觉得你听明白了，对你放心。

报联商铁则 3

复述上级的指示可以避免自己执行时偏离上级的意图。

复述之后再询问，补充不清楚的地方

案例 No.11（接案例 No.10）

• 促销期内招聘的人员工资额度？	How Much	别超过 5 万元。
• 促销经费？	How Much	控制在 30 万元以内。
• 销售毛利？	How Much	力争 20%，确保 15%！
• 有无其他要求？	＋α	2 天内拿出个方案来向我汇报。
• 后天来汇报，您几点有时间？	沟通到位！	下午我有会议，2 点之前来吧！

短评：这些关键性的问题你不弄清楚，执行起来就很困难，或者有可能办得让上级不满意。例如，最后的汇报时间确认。假如这次谈话发生在周三下班前，那么，上级所说的“2 天内拿出个方案来向我汇报”，如果你不仔细确认时间就想当然地到后天（周五）下班前去汇报的话，那时上级在开会，你根本见不到他！之后，他就到国外出差去了！你怎么办？

提的问题要切中要点

你的询问需要根据自己的岗位、当时的气氛、业务的熟练程度，提出适当的问题，以方便自己执行任务。不要提那些不着边际的问题，让上级摸不着头脑。

应该提一些有深度的问题。有时虽然你提的仅是一个简单的问题，但因为切中要害或一语中的，就会令上级对你刮目相看。

询问和确认要恰到好处，不要让上级厌烦

有人会说，每次接受任务时都按照 6W3H 询问，上级烦不烦？

要知道，你的上级和你在同一个部门，你们在做同一件事。长时间的相处，你们对彼此所负责的业务早已相互了解。上级布置的任务肯定在你们双方都熟悉的业务框架内，那么 6W3H 中的某些要素在双方心里是不言而喻的，也就不必每次都确认。需要确认的只是其中某几个要点而已，那么，简洁的询问和确

认不仅不会引起上级的不满，反而会让上级对你的认真产生好感。

另外，在和上级相处时，你要注意观察上级的习惯和好恶，注意总结一些规律性的东西，对于一些已经掌握的或每次都一样的事项就不必再问了。报联商也是要讲究成本的。

实技 No.4　注意问清楚完成时间

按照 6W3H 接受任务后需要询问和确认，但询问的内容里最重要的是这三项：

1. 上级让你做什么　—— 意图（What）。
2. 为什么要做这项工作　—— 原因（Why）。
3. 上级需要你什么时间做完交给他　—— 时间（When）。

弄清楚做这项工作的原因对于你正确理解上级的意图很有帮助，而确保在上级指定的时间内完成该项工作则是一切的根本。因为上级交办的工作如果你不能按时完成的话，哪怕做得再好，也可能没有意义。

因此，如果因种种原因不能按时完成任务，当难以交出令自己满意的答卷时，哪怕只交个 80 分的答卷，也比过了时间再交卷好。这跟考场上必须按时交卷是一样的道理。

可以这样说："科长，实在抱歉，因为某种原因，目前我交出的结果只能是这个样子的。如果能再有半天时间，我就能把它做得更好。"

注意时间的陷阱

尽快、越快越好、马上、立刻、第一时间、下午一上班、下周一上班、开春、入夏、回头再说、下午、本周内（也许要出差）、周五下午（也许要开会），诸如此类语焉不详、模糊的时间概念都是行动的陷阱。

案例 No.12

吃过午饭，科长给鲍莲裳布置了一项工作。当鲍莲裳向科长确认什么时候完成时，科长说："尽快。"

鲍莲裳手头有很多急活儿，不知不觉就忙到了下班的时间，她今天和恋人有约会，于是收拾东西就要走。

科长看到了问："小鲍，下午让你做的那件事做完了吗？"

鲍莲裳回答："科长，下午处理了一些紧急的事，你那件事我明天一上班就做。"

科长说："哎呀，我以为你今天就能做完呢，看来我得自己做了。"

短评：对"尽快"这种笼统的表述，上级和下属的理解不同！

怎么办？问！

鲍莲裳当场确认："请问下午 3 点交给您，行吗？"

科长："最好 2 点之前。"

你看看，幸亏问了一下！否则，按自己的理解去做，怎么能让上级满意？

随时复习

确认时所提的问题要切中要点，注意不要过于肤浅。

报联商铁则 4

对上级交代的工作要严守交付期，必须按时完成任务。

最重要的是意图，全面摸清上级脑子里的蓝图

接受任务的时候，要尽量摸清上级脑子里的蓝图

上级给你布置工作时，他的脑子里有一幅关于这项工作的蓝图——他描绘好的完成预想图。

要想在汇报工作结果时令上级满意，关键在于你接受任务时尽可能地把他脑子里那份蓝图摸清！用询问去掏、去套、去讨。你把他那份蓝图掏得越全面、越详尽，你完成的工作质量就越好，因为和他脑子里的蓝图吻合度高。

有时，虽然你很努力，甚至连休息日都搭进去了，可是你的工作还是不能令上级满意！到底怎么回事？并不是你不优秀，也不是你没有好好干，原因是接受任务时你没有摸清上级脑子里的那份蓝图，你总是按照自己的想法去努力，做出来的东西不是他期待的样子，甚至完全不一样！

你应该详细地弄清楚上级想要什么之后再开始行动。

案例 No.13

科长说：“小鲍，你把现有的办公用品整理统计一下，列个清单交上来。”

上级布置这个任务的目的是什么？要再申领？想节省经费？打算更换供货渠道？

想让工作令上级满意，那就把他的意图弄清楚！于是，工作的重点就会不同。

- 如果打算再申领，那就需要详细、准确地列清物品的数量。
- 如果想节省经费，那表格里就得列清单价、总价。
- 如果打算更换供货渠道，那就得在物品后面注明供货商。

把三个要素都列出来不是万无一失吗？那会多花费一些时间，弄出来一些上级不需要的东西！上级给你布置任务不仅要达到他的目的，还希望你能够高效地完成任务，因为人力也是成本！

短评：上级每个指示的背后都有目的，但在布置任务的时候大多不会说出来。这需要你自己领会、确认，有时还需要反复询问，才能把握好。

6W3H，该弄清楚的九个要素中哪个最重要？

答案是 Why——为什么。

上级给我们布置的每个任务都有一个目标，这个目标基本上在布置任务时就会讲清楚。例如，“把这份文件复印一下”“做一份调查报告”“把文具用品统计一下”等。

可是，这些目标的背后都是有原因的，这个原因才是上级布置这项任务的真实意图。当你接受指示时没弄清楚上级的意图、目的，不要有顾虑，马上确认！以免按照自己的理解或想当然去做，结果忙了半天却打偏了靶子，干完了才发现不是上级想要的，岂不是白干了？

弄清楚上级的意图对于接受任务方很重要。

首先，清楚了意图才有干劲，才会自觉工作。例如，“抗美援朝”战争时的上甘岭之战，志愿军为什么守得住阵地？因为战士们知道，上甘岭后面是绵延几百千米的平原，无险可守，所以必须守住阵地！

其次，当工作中遇到难点，想请示上级恰巧又联系不上时，可以按照领会的意图寻找方向。

最后，明白了此项任务的意图，就可以灵活机动地改变方法，更好、更快、更合理地达到目的。

不便问上级的意图时，可以探询或推测

案例 No.14

科　长：小鲍，马上把这些样品给工厂技术科寄去。（问自己一个 Why：上级的意图是什么？）

就这件事，你可以直接问上级“这是为什么”吗？会显得唐突，不建议直接问。怎么办呢？通过巧妙的“聊天”来探询。

鲍莲裳：知道了，马上给技术科罗科长寄去。这可是精密部件啊，是给他们参照研发的吧，这可得好好包装一下。（巧妙地探询）

科　长：对！这是咱们科小李找到的美国的同类产品，给技术科参考用的。你把它好好包装一下，运送途中可别弄坏了，那就没意义啦！（得到确认）

短评：不必每次都傻乎乎地直接去问为什么，有些要素在对话中就“聊”出来了。只要你平日善于钻研业务，那么在这种时候就能很简单地“聊”出几 W 几 H 来，不必每次都直接询问。

简单工作还好办，如果接受了较为复杂的工作，上级却没有明说其意图时怎么办？根据情况，可以直接询问“为什么要……”，也可以尝试地问：“领导，我理解这件事您主要是要……吧，您看我的理解有没有偏差或遗漏的地方？”

较为复杂的工作，当场没能透彻领会上级的意图时，还有机会补充。你可以在开工前、制订计划之后，马上去汇报。利用这个机会，你可以再次确认上级的意图。

只有日常留意上级的性格、习惯、工作方法，并熟悉自己身边的同事、其他部门、客户情况等，也就是我们常说的“业务熟练”，你才有可能准确地揣摩出上级指示这项工作的意图。

小结：正确地接受指示的程序如下。

1．被召唤时：应答，带上纸笔立即过去。

2．认真记录：不要打断上级的话，按 6W3H 记录。

3．确认事实：当场确认自己没听清楚的部分。

4．全面复述：按记录复述上级指示的内容。

5．询问疑问：询问自己疑惑不清的问题。

6．领会意图：弄清楚上级布置该项工作的意图、目的。

随时复习

直接地询问也好，巧妙地问出来也好，一定要弄清楚上级的意图，以免打偏了靶子。

报联商铁则 5

接受指示时，最重要的是要领会上级的意图。

接受指示时当场询问清楚很重要

上级都很忙，布置完任务后他就会开始考虑其他的事。如果你在接受指示时没能尽量当场弄明白各个要素的话，等到做事时才发现各种问题，频繁地去询问：几点？在哪儿？找谁？上级的思路会频繁地被你打断，他的事情将频繁地被你干扰，他能高兴吗？甚至时过境迁，有些细节连他自己都记不清了，还要专门为你去回忆或者翻查笔记，他能不烦吗？须知，他不是专门为你一个人服务的！

有时，等你再去问时上级在开会、在会客，甚至外出了、封闭式学习了、出差了、出国了！碰到这种情况，你无法中途请示，也得不到确切的指示，只好自己摸索着干，这就很可能发生偏差。

因此，抓住接受指示时这个难得的机会，多问问清楚吧！

有的人对过后再去找上级确认有顾虑：

- 现在他忙，别去给他添乱了吧！
- 他会说我：连这事都不知道吗？

- 还是别去了，不能损坏了上级对自己的印象。

其实，上级是非常欣赏那些善于提问的下属的，尤其是通过提问能把工作做好的下属。下属敢大胆地提问和请教，至少证明他对工作是认真的。在上级眼中，这是最起码的工作态度。

案例 No.15

科长交给鲍莲裳一个任务，就某商品做一个市场调研。

忙活了一阵子，鲍莲裳把调查结果汇总做成了一份报告，按期交上去了。不料，第二天早上科长夹着公文包走到鲍莲裳的办公桌旁，把那份报告往桌上一放，说“这样怎么行呢？拿去好好做了再交给我”就出门了。

鲍莲裳翻开一看，科长没做任何批示；仔细读读，觉得自己的作品挺好的。鲍莲裳心想：好好做？怎么好好做呢？难道还要修改吗？需要请示一下吗？到底让我干什么？可是看科长那脸色，又不像是对内容不满意呀！鲍莲裳犹豫了。

下午科长回来了。鲍莲裳把重新排了版式，并且彩色打印、装订整齐的报告交上去了。不料，科长看到后一脸苦笑：“小鲍啊，我说的好好做，指的是数据更全面、视角更宽广、跟咱们科的业务更贴近，不是指外观好看。你不清楚怎么不问问呢？”

短评：还没弄清楚该怎么动，就先乱动起来，是一种浪费。下属的请示，其实对于上级来讲是好事，总比不会干瞎干、干坏了再返工强！

团队里因报联商不足造成的返工，是不应该发生的。

那种眼里看不到问题，不知何时该去请示的人存在于团队中，其实就是团队的问题！

提高报联商的水平不仅在于让员工学会如何行动，更在于让员工懂得此时该不该去报联商。

当自己不明白时，脑子里能够冒出“该去报联商一下”的意识，就是一种进步！

练习题 No.1　该怎么办？

师傅说：小鲍，我在处理科长要的这份资料，离不开。口渴了，你去给我买瓶水好吗？

随时复习

在一开始接受任务时就把不清楚的地方弄明白，后续才能顺利开展工作。

报联商铁则 6

接受指示的那个时刻最容易问明白。

巧妙地拒绝接受指示

不得不拒绝上级的指示时

案例 No.16

上级指示的新任务，难以接受时：

- 我正在干 A 和 B 的活儿，现在不宜再接紧急活儿啦！（事实：说明现状）
- 我现在的责任是尽全力把 A 和 B 做好，如果再接下 C 的话，恐怕会影响 A 和 B，结果可能是都做不好。（陈述：说清利弊）
- 您指示的任务我目前难以接手，如果是下个月的话，我就敢接手了。（条件：设定条件）
- 如果现在不接 C 的话，我能把 A 和 B 做得更好，让您满意。（预测：效果）

- 小章现在正好有空，我觉得他也能执行新任务。（应对：提出代替方案）
- 您确认一下 A 和 B 的进展，再考虑一下 C 如何布置好吗？（意见：柔软拒绝）

当上级接受了你提的建议时，应该马上以积极的态度应对：

- 是吗？科长您亲自帮我干是吗？那我一定努力。
- 是吗？科长决定把 C 交给小章去做是吗？那我一定准时把 A 和 B 做完、做好。

对于上级错误的指示，或者自己对上级布置的任务有看法、有意见也不说，只是机械地执行，也不是好下属。

上级也是人，也有可能误判、感情用事，因此下属应该有自己的见解。不过要注意方式方法，出于公心，讲出自己的状态、想法，提出方案，自己不判断，交由上级去判断。

如果这时上级还是坚持己见，那么万一结果不佳，也算“勿谓言之不预也”了。

实技 No.5　拒绝也有技巧

记住：措辞要慎重，就算为难也不要跟上级说“不行”“我不能接受”，应该柔软应对，说明拒绝的原因，表明拒绝的态度，留下回旋的余地。

- 不行，我干不了，你找别人去吧！（×）
- 您有指示，我本应该接受，但是我这几天太忙，因此这次有难度。实在对不起，下次行吗？（√）
- 我本应该接受，但是这项技术还不成熟，我做不了。等技术成熟了，这项工作我一定接受。（√）
- 实在对不起，现在我做不了。下个月，我一定努力。（√）

违法、违背社会公德的指示不能接受

面对明显不能干的事，即使上级下指示也不能接受时，要注意语言委婉但态度坚决地拒绝。

- 这项工作不合法，我实在难以接受。
- 虽说是业务指示，但是做这样违背公共道德的事，我不能接受指示。
- 您的指示我得好好想想再回答。

随时复习

积极地向上级通报自己的工作量，避免上级因不知你这里的状况而继续给你加量。

报联商铁则 7

一味地超负荷接受任务并不是对工作负责的态度。

第 3 章

学习“汇报”的技巧——打开晋升的大门

What is：什么是汇报

案例 No.17

鲍莲裳：科长，可以跟您汇报一下下周产品说明会的准备情况吗？

科　长：哦，可以的。简洁些，我马上就有客人要来。

鲍莲裳：好的。根据上次汇报时您对 PPT 提出的修改意见，我已经改好了。您提供的材料和我从网上收集的材料也都加进去了，您指示的找研究所要的技术数据和照片也都放进去了。我已经打开了 PPT，您现在要看看吗？

科　长：你辛苦了。不过，现在我没时间细看了，下班前再找时间看吧！

鲍莲裳：是吗？那好吧，这是我给您拷贝的 PPT，都在这个 U 盘里，您拿去有时间时再看，有问题您再找我。

短评：按照上级的指示把工作做完了，就应该及时向上级去汇报结果。

把工作的结果（或状态）、过程汇报给上级或相关人员，让他知晓。

汇报大致可以分为两大类别：

- 汇报上级布置工作的进展状况及结果的“义务型汇报”；
- 把自己听到的、看到的事情汇报给上级的“主动型汇报”。

随时复习

上级是通过下属的汇报来了解下属的工作情况的，这是他分内的工作。

报联商铁则 8

上级有指示，下属就必须要有汇报。指示和汇报像一对孪生兄弟，缺一不可。

Why：为什么要汇报

上级交办的工作做完了（哪怕再小的事）要及时汇报

案例 No.18

公司的一个项目需要向银行贷款，主管财务的张总监和A银行的S行长已经会谈好几次了。项目不等人，贷款的事也到了关键时刻。原来昨天约好了明天进行最后会谈，但S行长突然说有急事，把时间改到了今天下午2点。张总监不禁心里打鼓。

早上上班后，张总监向下属鲍莲裳下达了关于今天工作的一系列指示，最后说：“帮我确认一下，下午2点我去A银行拜会S行长的日程有没有变化。”

上午鲍莲裳真是忙坏了，但她没有忘记给A银行打电话确认这件事。S行长的秘书回答：“预定的日程没有变化，行长下午2点在办公室等候。”

得到了确切的回答，鲍莲裳放心了，于是抓紧做张总监交办的其他工作。

下午1点，张总监从自己的办公室出来，问鲍莲裳：“下午去A银行拜会S行长的事你确认了吗？”鲍莲裳说：“我确认过了，没问题，人家在等着您呐。”

听了这话，张总监很生气：“那你也告诉我一声啊，弄得我中午饭都吃得不踏实！”说完，就气冲冲地出门了。

鲍莲裳很委屈：“不是没问题吗？”

短评：上级布置的任务也好、下达的指示也好，不论事情大小都需要给上级一个反馈，这是做下属的义务。否则工作做完了，你知道结果，但由于没有及时向上级反馈，上级不知道，就以为你没有做完或者没能按时做完，甚至怀疑你的能力，这岂不是很吃亏？

工作中获得的信息不能滞留在自己这里。要知道：你知道不等于他知道。对于上级布置的工作，不论事情大小，有了进展、结果就应该马上向上级汇报，保证工作顺利进行。

汇报是一种义务

在一个团队里，下属向上级汇报是他的义务，为什么这么说呢？

首先，下属是在分担上级的一部分工作。上级交给你办的工作，可以说他随时都在期待着你给他递送相关的信息，因为他想知道这部分工作的进展，他希望跟以前自己干时一样对它了如指掌！因此，你必须及时向上级汇报，才能让他放心、安心。

其次，从承担责任的角度来看，你干的这部分工作是由你的上级负责的。你这里做好了、搞砸了、遇到问题了，都是要由上级负责的！

因此，你面临的指示不仅仅是上级的意见和建议，那是上级在布置任务、是命令！而完成任务是下属的责任，及时地向上级汇报则是下属应尽的义务。

及时地“告知”其他人，就是工作

不论你在哪个岗位，工作中都会面对诸如同事、其他部门的上级及外部的客户等有关人员。

当与你有关的人员在和你沟通时，不论是他给你送来了什么信息，还是他拜托了你什么事，他都会怀有一种期待，在等待着你的回复、反馈。

因此，工作状态中的“期待”是工作的一部分，而“告知”也是工作的一部分。把你这里的进展、状态、问题、结果及时地告知对方就是你的“义务”。

反之，如果你不告知，就等于没履行义务，站在对方的立场上，就会觉得你“不干活儿”！而实际上你不是没干，也许早就干完了，也许干得还挺辛苦，只是因为没及时告诉他，就给他人留下“不干活儿”的印象，是不是很冤枉？

因此，及时地告诉（报联商）他很重要。

随时复习

下属及时向上级汇报能使下情上达，避免职场沟通僵化，提高工作效率。

报联商铁则 9

对上级的指示予以汇报，是下属应尽的义务。

What：汇报什么

汇报计划和想法

汇报计划，可再次确认上级的意图，并验证自己领会的意图是否准确

为防止执行偏离，下属在接受了上级下达的命令后第一件事就是把自己打算如何操作的设想（计划）向上级汇报，这就是 P-D-C-A 循环中的第一步——做计划。

向上级汇报计划可以一举多得：

1．借此机会从上级那里获得一些补充指示（把他脑子里的蓝图尽可能地弄清楚）。

2．借此机会再次确认上级布置这项工作的真实意图（防止打偏了靶子）。

3．检验自己制定的执行方案是否与上级的设想吻合（获得批准）。

待彻底确认了上级的意图之后再动手，就不大可能偏离轨道，交出的结果基本就是上级想要的了。

随时复习

向上级汇报自己打算如何开展这项工作，借此机会可以再次确认上级交办这项工作的意图。

报联商铁则 10

P–D–C–A 循环的第一步是做计划并获得上级的批准，避免干完了再返工。

案例 No.19

上级指示鲍莲裳：“外资系的竞争对手公司在咱们市开了店铺，竟然开在老城区的中心地段！咱们需要争夺市场，你去找个合适的位置，咱们也开店，还要把它做成本市最好的店铺，跟他们长期对抗！”

于是，鲍莲裳跑遍全市寻找合适的店址，最后在老城区的中心位置，就在距离竞争对手不远的地方选定了一座商场的四楼，查明了情况，做好了资料去向上级汇报。

上级看完资料说：“谁说要在市中心开店啦？”

短评：行动前没有彻底领会上级的意图。上级所设想的“本市最好的店铺”基于“长期对抗”方针，指的是具有未来发展空间的城市新区；交通便利，要距离高速公路近的地点；在第一年就能有一定的营业收入；等等。

上级的这些意图，下属在接受指示的那一刻没能具体问清楚、彻底领会也没关系，接受指示后可以边回忆上级的语气、眼神、表情，参照记录下来的文字，边揣摩上级的意图。待觉得领会得差不多时，拿着自己的执行方案去向上级汇报，借此机会再次印证自己的判断。

汇报想法，可以让上级接受你的方案，及时获得认可

上级为什么不愿重用你？

1．他给你布置了任务，就希望你来汇报。　（他在期待）
2．等你汇报却不来，怎么回事？　（他会焦虑）
3．他干不了这项工作吧，看来我选错人了。（产生怀疑）
4．一直不来汇报，太令我失望了。　（难免生气）
5．这个家伙不干活儿！对你失去信赖。　（直至发怒）
6．看来是指望不上了，算啦！　（导致放弃）

很多新员工、年轻员工不懂得这个道理，总是按照自己的想法去做，直到有了结果才向上级汇报。当你忙活了半天，甚至牺牲了休息时间做出自己觉得可以打 100 分的那个“结果”时，由于上级不知你是怎么做出来的，也许连 60 分都不给你，你岂不是白受累？

其实给自己加分很简单，只要告诉上级你打算怎么做（汇报计划）就行了！

案例 No.20

某运动服生产厂接了一单急活，全厂加班加点赶工，却发现往衣服上钉纽扣的工序成了流水线上的瓶颈环节，于是找供应纽扣的商家交涉，要求紧急租赁三台钉扣机一周。

纽扣供应商公司负责该客户的鲍莲裳得到消息后马上向上级马科长汇报。马科长查了一下，公司仓库里只有一台故障机，修一下是可以提供的，但还差两台呀！马上向钉扣机厂家订货也得 5 天后才能运抵，肯定不行。马科长急坏了，这家服装厂是公司的大客户，得罪不起。正在大家急得团团转的时候，他接到服装厂的电话：“谢谢你们的协助，三台机器都到位了。”

问题解决了？这个小鲍神通广大呀！松了一口气的马科长很疑惑，想打电话问问小鲍是怎么解决的，一时又联系不上，恰巧又有别的事，就去忙别的事了。

下午，国际事业部的丁科长怒气冲冲地来找马科长：“你们怎么招呼都不打，就把我们准备给越南工厂发去的两台钉扣机拉走了？我们明天就要运往港口装船，否则越南工厂要停工了！”

短评：鲍莲裳的动机是好的，但是她行动之前既没向相关部门确认，也没向自己的上级汇报自己打算怎么干，只靠自己想当然：“那四台机器都放了一周多了，暂借两台用一周没事吧？先救急！”于是就擅自行动了！

行动之前向上级汇报自己的想法，让上级心里有数，也给把把关，就能避免很多不该发生的事，还能避免走弯路。由于上级知道你所采用的方式，自然就能接受你交给他的结果了。

随时复习

和对来路不明的东西持怀疑态度一样，上级对手段不明的结果也是不放心的。

报联商铁则 11

让上级知道你是怎么做的，他才能接受你交出来的结果。

案例 No.21

科　长：小鲍，你把这份表格整理出来，下午下班前做得完吗？

鲍莲裳：（有关要素确认后）没问题，做得完。

科长放心地出门了。下午5点，科长回来了。

科　长：小鲍，那份表格做好了吗？快给我。

鲍莲裳：还没做完呢，还得两个小时才能做完。不要紧，我今晚加班一定把它弄出来。

科　长：怎么？早上你不是说今天下班前做得完吗？

鲍莲裳：下午被叫去支援销售科，干了一些杂事，所以耽搁了，我打算加班把它弄出来呢。

科　长：不是加班不加班的事，你干什么杂事了？我没听说啊？我答应了客户下班前发给人家的。

鲍莲裳：下午陈副总过来说销售科遭遇客户投诉，不得已公司决定今天紧急给那家客户发1 000个商品。仓库里包装商品的人手不够，让公司的内勤人员都过去临时支援包装。我们都去了，干了两个小时呢，都是刚回来。

科　长：发生了这样的变化，你当时怎么不跟我说一声呢？

鲍莲裳：我以为很快就能回来呢，我也心急呀，没想到一去就是两个小时！

科　长：你耽误我大事了！跟客户说好了5点把这份表格发给他，我们要看着它商议签约呢！

短评： 科长专门确认下班前能否完成，那肯定有他的意图：下午5点用这份表格和客户联系！鲍莲裳下午接了陈副总交办的工作，却没及时向科长汇报，这将影响科长的工作安排——情况发生了变化他却不知道！

如果发生的变化会影响原定计划，无论如何不要自作主张擅自行动，应该马上向上级汇报情况。根据你的汇报，上级能够及时应对。如果下属擅自变更了原计划却不及时汇报，这就打乱了上级的安排，会导致上级不满。

案例 No.22

鲍莲裳：科长，跟你汇报一下那张表格的事，占用您两分钟可以吗？

科　长：怎么了？你不是说下班前做得完吗？我可等着要用呢！

鲍莲裳：本来是做得完的。可是刚才陈副总过来说，销售科遭遇客户投诉，不得已公司决定今天紧急给那家客户发 1 000 个商品。仓库里包装商品的人手不够，让公司的内勤人员都过去临时支援包装商品。这样可能 5 点就做不完了。如果您要得不那么急的话，等支援完了我回来接着做，哪怕今天加班，我也把它做完。如果您要得急，那就得另想办法了。您看怎么办？我这就要去仓库了。

科　长：知道了。这张表格 5 点以前要做出来的。你把材料放在我桌上，我马上赶回去自己做。

短评：遇到变化马上汇报，说明情况之后，说出自己的想法，让上级做决定。

随时复习

原定计划有变时要及时向上级汇报，并说清自己的想法，让上级了解并征得同意。

报联商铁则 12

有想法先去汇报，上级同意之后再实施。

中间汇报

上级布置的任务时间一长，尤其觉得马上就能干完时，我们往往会想：等干完了再告诉他吧！不料，却让上级惦记了！

中间汇报可以获得及时的修正

案例 No.23

上级指挥鲍莲裳射箭。

上　级：小鲍，听说你是神射手，你射那个三号靶子的红心十环。

鲍莲裳：（每个动作都跟上级汇报）您看我用这张弓、这支箭可以吗?

上　级：嗯，挺好，我相信你。不过，你瞄准红心左侧的九环处吧!

鲍莲裳：为什么？那里不是靶心，不射红心十环啦?

上　级：是的，情况有变。现在的目标是红心左侧的九环处，你就瞄准那儿吧!

鲍莲裳：好，左侧九环。我要射啦……

上　级：别，别，又有变化。再往左移，红心左侧八环的地方是新标的，你射那儿!

鲍莲裳：怎么？又变啦！行，红心左侧八环那儿，对不对？看我的！啪，一箭命中红心左侧八环!

短评： 虽然不是一开始的目标（红心十环），却是上级最终的目标，他心目中的目标。

你密切地去中间汇报，等于让上级跟你一起前进。这样一来，即使中途有变，你也能及时得知，那么完成的结果就算不是上级给你指定的最初目标，那也是他的最终目标，他会满意。

中间汇报对上级的作用

上级布置了任务之后，他会惦记进展。尤其当计划有变、时间拖长时，他更惦记：“情况怎么样了？”

- 上级对完成任务负责，他会焦虑。得到中间汇报，他可以掌控局面，就会安心，还可给予指点。
- 通过密切的中间汇报，可以发现问题，及时应对；或者发现征兆，提前防备。

- 顺应中途情况变化做相应的修正，纠正有可能已经偏离的方向，减少资源浪费。
- 中间汇报可以连接下一步的工作，上级会根据中间汇报给出下一步的指示。

中间汇报对下属的好处

- 上级给出的修正指示可以及时地避免下属的工作跑偏，减少资源浪费。
- 通过中间汇报，如果判断人手、时间不够的话，可以获得上级的资源追加等援助。
- 听取上级的中间指示可以分流责任。就算后面走错了，下属只需负中间指示以后的那部分责任。
- 下属可以通过中间汇报进一步了解上级的行为模式，积累和上级沟通的经验。
- 通过频繁的中间汇报活动，可以加深下属和上级之间的相互了解，储存“好感度”，建立信赖关系。

实技 No.6　需要向上级做中间汇报的场合

- 耗时较长的工作——在合适的时间汇报现状，哪怕一切正常。
- 比预计的时间延长了——汇报变化的原因和现状。
- 发觉不能按期完成——汇报推迟的原因和后面的预期。
- 不能按原计划进展——为什么不得不做出修改，下一步的打算。
- 状况和条件发生了较大变化——汇报有关信息，取得谅解。
- 不知该怎么办时——说出自己的纠结，听从上级指示。

注意：不论情况好坏都要及时向上级汇报，不能因为不是好消息就不报、瞒报、谎报、晚报。

随时复习

中间汇报，报的是当时的状态，也是阶段性的结果。上级要根据这种汇报掌握进度，把握方向。

报联商铁则 13

耗时较长的工作，一定要有中间汇报。

时间较长时中间汇报，令上级安心

在任务执行阶段，有时进展一切顺利，计划、步骤、进度……一切都正常，但是距离上次汇报已经有段时间了，这时要不要汇报呢？

要，一定要去汇报，这时的汇报也是中间汇报。你知道一切正常，没发生任何问题，可是你不去汇报，上级就不知道！上级不知道就会担心、就会感到不安。这种担心渐渐地积累，就会变成对你的不信任。当上级跑过来问你："怎么样啦？"其实，那就是上级对你不信任的体现！

因此，即使一切正常，也要适时地向上级汇报。告诉上级当时的状况，让他知情，就能让他放心。

原地踏步没进展也要汇报。告诉上级：没有进展，在等对方回复，在等关键人物决策，在等具体数据等。把你当时的状态告诉上级，既能让他知情，也能让他决定下一步如何做——是设法推进，还是原地等待。

这种原地踏步的"现状汇报"，有时还能产生激发上级动用他手中的资源给你协助的效果呢，何乐不为？

随时复习

和上次的汇报相隔一段时间之后就该去做中间汇报，哪怕没进展，你不汇报上级就不知道。

报联商铁则 14

有问题汇报问题，没问题汇报现状。

方向不明时中间汇报，寻找方向

案例 No.24

科长指示鲍莲裳制作一份下周为某公司做产品演示的 PPT。

鲍莲裳还是头一次做这么大的项目，她很高兴能接受这样具有挑战性的任务。可是该从哪里着手呢？好不容易上级信任自己，一定得做好，不能弄砸了啊！这样犹豫、苦恼着，鲍莲裳迟迟无从着手。不知不觉，约定的期限就到了。

科　长：小鲍，怎么啦，看你好像在发愁啊！PPT 做得差不多了吧？

鲍莲裳：啊，那个……资料倒是收集了不少，可是以什么为中心展开制作，还定不下来……

科　长：什么？中心？难道你到现在还没开始做吗？

鲍莲裳：不是的……嗯……是的，还没头绪……

科　长：从上周就没头绪？那为什么不马上来跟我说？现在还没动手？来不及了！

短评： 本想好好表现一下，结果弄巧成拙，导致上级的不信任！方向不明就赶紧向上级汇报，请他指明方向。

交付期是一定要遵守的，为了追求完美却误了交付期是不会得到认可的。商业领域里只有如期完成的才叫工作，没有如期完成的工作即使再好也是废品！

小贴士 No.2　各种摸不清上级意图的原因

- 虽说下属在接受指示时应该向上级确认清楚他的意图，但并不是所有的上级或者所有的工作都能在下指示的时候弄明白。例如，上级匆匆忙忙，当时没时间说清，或者下属没能领会清楚，甚至有时连上级自己当时都说不清楚。
- 即使下属在接受指示时领会了上级的意图，但是在执行过程中自己迷茫了，或者被汹涌而来的信息弄糊涂的情况也是有的。
- 还有一种大大咧咧的上级，布置任务时只说个大概，任务的意图也不说清，让下属自己去领会。至于执行方法，更是让下属自己看着办！但是，这不等于上级心中没有自己版本的完成蓝图。

- 还有可能下属在执行任务的途中外界环境发生了变化，导致原定的目标不得不随之改变。

凡此种种，下属在执行任务时方向并不是很清晰，如果不进行中间汇报，由于无法及时确认方向，完成的工作往往会和上级期待的不相符，费了好大力气却得不到好的评价，这又该怪谁呢？

随时复习

工作中摸不清方向时去向上级做中间汇报，上级会给你指明方向，甚至教给你操作方法。

报联商铁则 15

中间汇报可以让上级帮你把准方向。

向前推进时中间汇报，修正轨道

案例 No.25

鲍莲裳负责追踪某公司的一个大项目，在做了基本访问工作之后的总结会上，科长听完汇报后下指示：重点做邓主任的工作。

近一个月来，鲍莲裳拜访那家客户时主要设法接近邓主任。通过一系列的努力，扫清外围，预做铺垫，她终于和邓主任约定了会谈的时间。

到了约定会谈的时间，鲍莲裳准时来到约定的地方等候。可是那家总公司的陈副总突然来视察，待了一个多小时才走，导致鲍莲裳好不容易才约上的和关键人物的会谈泡汤了。

看到垂头丧气回来的鲍莲裳，科长问："怎么啦？无精打采的。"

鲍莲裳沮丧地汇报了情况，并拿出手机给科长看当时拍的照片："就是这个人，他们的陈副总。"

看到照片，科长一把夺过手机，把屏幕上的人物放大：“这个人？我认识，是我的老朋友。这下好办了，我去找他！小鲍啊，你这张照片照得好，有功！”

短评： 密切的中间汇报对上级、下属都有好处。

上级给你布置工作时，他是根据当时的环境条件设定目标的，你准备采用的方法也肯定受到那个时间段的影响。

一旦展开工作，尤其耗时比较长的工作，在执行的过程中往往会出现市场趋势、消费者需求、法律法规等变化；或者这期间又出现了新理论、新设备、新工艺等。这时候如果执行者还在按照接受任务时上级指定的目标前进，有可能做出的结果已经不合时宜了，也可能原来采用的工艺落后了！

因此，密切、及时地进行中间汇报，能够避免这一切。上级所处的位置比你高，获得的信息比你多，及时向他汇报你的进度、状况、面临的问题及想法，他会及时给你指路、纠偏，指引你少走弯路。

随时复习

一项工作耗时长了有可能中途发生方向、目标的变化。中间汇报可以及时纠正。

报联商铁则 16

中间汇报可以跟随上级的方向、目标的变化及时调整。

汇报变化

客观汇报变化情况，让上级心中有数

接受上级指示后，我们应该有一个工作计划，而且在前文讲过，这个计划是要汇报给上级，获得认可才能执行的。

但是情况瞬息万变，一旦开始执行后，周围的环境、原有的条件等很有可能发生变化。例如，政府发布了新的政策，竞争对手设置了障碍，合作伙伴发

生变化，受到天气因素影响，运输条件变化，项目小组某成员病倒……

这些对原计划会产生影响的要素，必须及时向上级汇报。

案例 No.26

错误的做法

计算机系统保修公司的鲍莲裳值夜班，刚上班就接到一个客户的电话，说他们那儿的计算机主机停机了。没有经验的鲍莲裳马上通知了附近的工程师前去维修，但忘了及时向自己的上级汇报。

工程师在现场维修时关于找到的问题，不得不向科长请示时，已是深夜12点。已经睡下的科长听到工程师的汇报一头雾水，他根本不知道这件事！

正确的做法

当接到报修时马上按操作规程，询问6W3H，认真记录、核对后，把信息转给附近的工程师，同时向上级简单汇报情况，让上级心中有数。

短评：事情发生了，先跟上级汇报一声。哪怕不需要上级做什么，也先让他知情，让他有个心理准备，比突如其来要好。

工作推进中，总会发生其他情况，既不是紧急的，也不是什么危机、坏事，只是有进展、有推进而已。这样一般性的日常信息，是否需要一一向有关人员通报呢？这需要根据工作性质、所在岗位和上级的要求而定。

像案例26，平常的维修大都在白天，值夜班时难得遇到报修的情况，那么维修科长就可以规定：夜间有维修需要让我第一时间知道，以便有所准备。或遥控掌握，或随时准备奔赴现场。没有得到第一报的科长，在睡下以后才得知“今夜有报修”，很是突然，也难以应对。

须知上级是“调度”，需要获得“第一报”

由于你的上级处在总体调度的位置上，你这里的局部发生了变故，那么是哪个环节出了问题？什么类型的问题？严重程度如何？恢复的可能性有多大？大约需要多长时间？需要耗费多少人力财力？各种因素都有可能影响到上级手中其他工作的协调和调度。根据上级的经验和权力，他马上就能采取一些相应的措施。例如，有的工作需要暂缓，有的工作需要暂停，有的反倒需要加快，人员调配也要预做准备……如果你得到消息后，先忙于去调查问题的真相，等你调查清了才向上级汇报“我这儿出问题啦，到目前我已查清……”虽然那时你能马上说清问题的全貌，但上级这边相关的其他工作也许已经做了许多无用功，浪费更大了，或者即使再做调整也有困难了，他能满意吗？

如果你在知情后的第一时间就发出给上级的第一报，对于上级来讲能起到大致知晓时间、地点、内容的作用（也就是起到让他有个心理准备的作用）。将突发事件的巨大冲击分解开来逐次送达，有利于让上级在应对时从容思考和调度，还可避免因冲击一次性到达、破坏力太大导致的指挥失措、没时间细想而误判，甚至因一片混乱而导致祸不单行，遭遇二次打击。

随时复习

第一报的关键是一个“早”字。即便尚未弄清全貌也要尽早报出第一报。

报联商铁则 17

第一报越早越好。

下属要变时汇报想法，获得认可

案例 No.27

出差中的鲍莲裳给上级打电话。

鲍莲裳：科长，我想汇报一下 A 公司突然变更投标预算的事，可以吗？

科　长：可以，你说说那里的情况怎么样？

鲍莲裳：到这儿来之前，咱们掌握的这个项目的标底是 150 万元。这次出差，我摸清现在他们已经把标底调低到了 140 万元，我还摸清咱们竞争对手的标底是 138 万元。我建议按照出发前商定的第二套预案，把咱们的投标内容变更一下，价格也调整到 135 万元，这样的话就能中标了。我测算过了，变更后的内容和价格，咱们还能确保应有的利润。详细情况我回去再向您汇报，您看可以吗？

短评：自己想做出改变时，客户情况、对手情况、问题所在、自己想法、应对措施等，都需简要汇报，供上级判断。

遇到问题后我们要拿出对策来。这时，你提出的应对方法如果被上级批准了，那么一旦执行起来，会和开始时商定的计划有所不同，于是就会有相应的调整。例如，需要追加预算、延长时间、增加人手、请友邻部门提供协助；又如，可以搭某某的顺风车、借助某某的力量、省略某部分工作、暂缓某个环节等节约性的调整。

导致这些变化的原因，以及凡是能预见到的需做相应变化的内容，你都应该向上级汇报，以便他能掌握最新的情况，综合考虑其他方面的调整和配合。因为上级负责工作的总体调度，你这里的变化也许会牵扯到他辖内的其他环节，他需要做相应的总体调整。

因此，如果你想改变什么，一定要向上级汇报，让他心中有数，并获得他的同意。

做了错事时汇报事实，以便及时补救

案例 No.28

鲍莲裳在和客户会谈时失言，冒犯了客户王经理，王经理很生气，拂袖而去。鲍莲裳心想，自己惹祸了。可是，这点小事不要紧吧，这几天多去道歉就是了。

科长看到鲍莲裳回来脸色不对，就问："发生什么事了吗？"鲍莲裳心虚地回答："没什么。"之后的一周鲍莲裳向王经理多次道歉，不料对方不依不饶。

一周后，科长怒气冲冲地质问鲍莲裳："××公司王经理通知不订咱们的货了，这是怎么回事？"

短评：员工在客户那里做错了事，如果没有他的上级出面（或电话、或书面、或当面）道歉的话，客户会认为该员工就此事还在瞒着他的团队，会认为该员工不可能彻底纠正错误，从而对该员工失去信任。

如果坏事是外部原因、客观原因导致的，自己没责任倒还好说，早点汇报寻求解决方案没有心理障碍，人们都容易做到。但是，如果事情是自己造成的，也就是自己把事弄砸了，你敢去汇报吗？

从失败中吸取教训

人，只要工作就难免犯错，问题是犯了错误后怎么看待、怎么对待、怎么改正。

案例 No.29

负责调配半成品部件的鲍莲裳在下 H 部件的订单时写错了进货日期，又没有认真核对。待鲍莲裳发觉时离生产线要使用这批部件的日子已经很近了，必须和上游厂商交涉，要求其提前几天供货。

这是不该发生的错误，但已经发生了，怎么办？

A. 马上汇报，承认自己的失误。

B. 拿出对策去汇报：

1. 己方何时需要？最低限度需要多少？
2. 分批陆续供货的话，如何安排数量？
3. 能否请对方先紧急生产一部分？
4. 可否由自己公司负担一部分加班费？承担底线是多少金额？
5. 立刻调整运输方式，尽量缩短运输时间。

这些措施都牵扯到增加费用，应由联络失误的人所属的部门承担，需要坦诚汇报，由上级决策。

短评：出了问题马上汇报，坦率地承认错误。因为此时无论你再强调什么理由，都无法改变自己犯错误的事实，关键是要拿出可行的应对方案来。待问题解决以后，再来细查原因，修补漏洞，防止以后再犯同类错误才是最重要的。

人类是借助前人/先辈总结的经验走到今天的，你看那飞机失事后无论如何也要找到的黑匣子，那就是要从中寻找失事原因以彻底根除。

工厂里生产现场的操作规程、各项规章制度都是依据前人的经验制定的。

2013 年春季中国某城市电梯故障造成人员伤亡的事件，就是因为操作人员违规维修，上了不该上的润滑油！而同年夏季发生在国外的列车脱轨事故，也是因司机弯路违规超速所致！

团队里出了问题，团队要比个人有办法。上级的经验、人脉，团队的资源都比个人强大，如能早点发现问题是可以尽早应对的，或补救，或挽回，都能减少损失。这就像医生总比患者有办法，但是很多疾病需要早期发现，医生才来得及对症下药。下属如果把坏事瞒报或晚报，等上级知道的时候已经事态严重或病入膏肓，那连上级也回天乏术啦！

实技 No.7　该汇报的坏事，不要自己烦恼

- 出了问题、发生了投诉不要慌乱，沉着地应对并及时汇报。
- 坏事包括突来的投诉、与自己有关的麻烦事、事故、失误、失败、坏结果、不好的消息、担心的事等。
- 面对投诉，语言不失礼，诚恳道歉。让客户说话，弄清状况和客户要求，马上去请示！
- 说声对不起≠认错，那只是对让您跑一趟了、让您生气了、给您添麻烦了、没跟您说清楚等事实的道歉。

上级真心感谢来汇报坏事的下属

上级的工作有一项是“保护下属，教育下属”。所以犯了错误、惹了祸，你勇敢地去汇报，尽管当时上级会生气、发怒，会狠狠地批评你，最后还是会帮你解决问题。重要的是，事过之后上级会想，犯了错你敢来汇报就说明你还可调教，“孺子可教也”。

坏事报得越早，上级解决起来越容易，对你的不满越小。反之，报得越晚，麻烦越大，等到连上级都解决不了时，他会更生气。

那些犯了错不敢去汇报的“聪明人”，自己提心吊胆地边隐瞒边解决问题，如果最后让上级知道了，他对你的印象会特别差，会对你失去信任，而你落得个“聪明反被聪明误”的结局。

越是坏事越要早报的好处

坏事早报的好处有很多，举例如表 3-1 所示。

表 3-1　坏事早报的好处

坏事的类型	案　　例	对上级的好处	对自己的好处
外界情况有变	昨天下大雨把仓库里的商品淋坏了一半	尽快设法应对	有责任心
自己听到了坏消息	在 A 公司出差时，听说他们的资金链有问题	要提高警惕	有头脑
自己碰上了坏事	去港口提货时前方发生交通事故，被堵在高速公路上了	马上想办法	负责
自己做错了、惹祸了	发给客户的报价单里的单价金额打错了	设法减少损失	敢于担当
自己难以判断	客户突然更换了项目主管，是个博士	由上级做判断	增加好感

练习题 No.2　该怎么办？

今天去拜访客户的鲍莲裳在客户那里收回一笔货款，带着支票高兴地回公司。换了几次车，吃完午餐，快到公司时鲍莲裳发现放着客户资料的那个大信封不见了，那张支票也在里面。鲍莲裳想不起来在哪里丢的，就急急忙忙沿路返回去找。过了下班时间，科长发觉鲍莲裳还没有回来，打电话问她怎么回事，她才不得不向科长坦白！

随时复习

上级心里是感谢敢于来汇报坏事的下属的，因为你的信息让他能够及时采取措施应对。

报联商铁则 18

越是坏事越要早报。

不自作主张、擅自取舍

案例 No.30

上班时间有电话打进来，鲍莲裳接听后是个中年男子的声音。

“我是张成，你们王科长在吗？”对方的语气听起来大大咧咧的。

“对不起，他出去了。”

“是吗？不会是打球去了吧，哈哈……”

怎么这样说话呢？鲍莲裳一边想一边回答：“要不要我们王科长回来后给您打电话？”

“不必啦，我抽空再给他打吧！”对方说完就挂断了。

这个人真是大大咧咧的，可能是科长的私人朋友吧？鲍莲裳想着就去忙别的事了，没放在心上。

傍晚王科长回来了，鲍莲裳在汇报科长不在时发生的其他事时想起了这个电话，但是那个人自己说了再打给王科长，像这样的私人朋友间的事就别掺和了，于是她就没说。

过了几天，早上一上班，科长就问鲍莲裳：“前几天我外出时是不是有个叫张成的人来过电话？”

“是啊，那是您的私人朋友吧？怎么啦？”

科长生气地说：“什么私人朋友，是个客户！你怎么不跟我说呢？昨天晚上我在一个聚会上碰到他了。其实那天他手头有个跟咱们有关的业务机会，本想介绍给我的，打电话找我时我不在，跟你说会再给我打电话的，但是一忙就给忘了。昨晚听说之后，我马上要他当场确认，可是那个机会已经没有了！你看看，耽误了一笔生意！”

短评：是事实吗？是事实。发生过吗？发生过。那就该汇报给上级！

你把发生过的事实，不加自己的意见、不遗漏歪曲地汇报，你传递的信息就没有被指责的理由。

应该向王科长传达：几点几分有个男（女）人来过电话，声音如何，语调如何……科长得到汇报，心里自会明白对方是谁，该如何应对。

既然你知道了与他人有关的信息，那么传递了不仅不会挨批评，若对当事人有帮助的话，他还会感谢你。

随时复习

你知道的与工作有关的一切信息都应该告诉上级，他自会根据自己的需要进行取舍。

报联商铁则 19

上级对你的工作进展了如指掌的话，他就会对你放心。

练习题 No.3　以下这些事需要汇报吗？

1. 同事家人打来的私人电话。
2. 客户要员的红白喜事，比如，客户的孩子受伤了。
3. 客户方面相关人员的人事变动，比如，客户升任科长了。

当你无法判断信息是否需要上报时，那就先报上去看看上级的反应再说，然后在试行错误中吸取教训、积累经验，判断哪个要报、哪个可以不报。

上级希望知道下属的一举一动。那么，下属这里发生的事情是不是都要去汇报呢？答案是肯定的。

一个团队里，基层员工是在第一线直接从事具体工作的，他们获得的信息最及时、最丰富，他们应该及时向自己的上级汇报一切信息。

从信息传递的角度来说，下属就是上级布下的天线、触角或感知器，源源不断地把从方方面面感知到的信息传递给上级，由上级做出判断。如果有的触角信息畅通，有的触角信息不通，上级就为难了。

当你无法判断这条信息是不是该汇报给上级的时候，最好告诉他。还是那个道理：当上级处于你的位置上的时候，他马上就能判断哪条信息重要、哪条信息可以忽略不计。可是，现在是你在第一线，你获得的内容上级并不知道，那么这条信息到底是有用的还是没用的，当你不清楚的时候，还是不要擅自判断，报上去让上级自己去判断吧！

这么说，岂不是什么都要汇报吗？那上级烦不烦啊？他有那么多时间听这些琐事吗？

这个尺度的掌握属于方法范畴，我们将在本章“How to：怎么汇报”一节中详细说明。在这里只是想告诉读者：工作中遇到了问题，当你纠结该不该汇报时，自己不要擅自取舍，应把知道的信息全部汇报。

练习题 No.4　做错了事去汇报时，谁能避免挨批？为什么？

小张：平常工作认真，细致缜密。因业绩良好、一切顺利，总觉得没必要汇报，因而疏于和上级沟通。

小鲍：经验不足，有粗心大意的毛病，业绩不太好，还时不时地犯点小错。但注意把自己的一举一动都向上级汇报，及时请示。

Who：向谁汇报

一定要明确自己的直属上级

在我国及东方国家，一般团队里的每个人都有自己的直属上级（顶头上级），他负责你的日常工作的指导和监督，并对你的工作成果负责。

这一般是在新员工到岗时就明确的。刚开始时跟着师傅干，等自己成熟了就跟着组长干，自己当了组长就听从科长（或者主任）的……即使你当了总经理，也要听董事长、董事会的！总之，你的职业生涯基本会有一个直属上级。除非你自己创业当老板，那也要遵守法律法规，听从政府部门管理，服从社会监督，顺应社会规律，否则会自取灭亡。

如果你还不知道自己的直属上级是谁的话，那就请你赶快去问问自己的领导，因为你的工作需要由直属上级负责。

向下指示的上级直接汇报

团队里的工作是有组织程序的。任何一个上级给下属布置工作都有他自己的用意或意图。上级给下属布置工作以后会有一份期待，期待着下属向他汇报工作结果，和他的下一步工作衔接，以便按他的计划把工作向前推进。

案例 No.31

问题对策会之后正确的做法

科　长：小鲍，昨天让你整理的会议记录整理好了吗？

鲍莲裳：已经整理好了。※1

错误的做法

鲍莲裳：会议记录整理好之后，刚才副科长找我要，我就给了他一份。※2

短评：※1 谁布置的任务就向谁汇报。※2 不该擅自先给别人看，应该先向下指示的人汇报。

不能先向其他上级汇报

如果你不是先向下指示的上级汇报，而是汇报给了其他人，这不符合上级的期待，因此是违背原则的，有可能影响工作，甚至造成不良后果。

不要请第三者转告

上级给你布置了任务，那么关于这项任务的细节、过程、问题、结果你最清楚，当然由你直接去向上级汇报最能讲清楚。如果你先转达给另外的人，拜托那个人转告给下指示的上级，这期间有可能发生遗漏、误差、误解、延时等不应该发生的事，上级会对这种辗转而来的汇报将信将疑。

案例 No.32

鲍莲裳在开会时，经理给她发来一封邮件，指示她做某项工作。这封邮件同时抄送给了鲍莲裳的科长。当鲍莲裳散会后看到这封邮件时，她的科长已经就此做出具体指示，并用邮件抄送给有关人员（包括鲍莲裳）了。等鲍莲裳把这项工作完成时，其结果那位经理已经知道了。那么，她还用汇报吗？

短评：这个指示是经理直接下达给鲍莲裳的，可想而知，经理在等候着她本人的汇报呢！尽管经理已经从别人那里知道了事情的结果，但只要鲍莲裳不去汇报，他就不会放心。

试想：如果鲍莲裳去汇报的内容哪怕只有 1%和别人说的不一样，就这一点的差异来说，经理相信谁？还是得相信直接执行者（鲍莲裳）的汇报是不是？所以，不要以为上级已经知道结果，自己就不必去汇报了，他在等着你呢！

再者，根据前面学过的原则，接受指示后不汇报就叫没尽到义务，对这项工作就没有交代。上级知道归他知道，我没汇报我的工作就不能算完，哪怕我去时他说不必了，我也得去。所以，必须由本人去汇报！

小贴士 No.3　几个特殊情况

- 遇到紧急情况或有急事，而直属上级又不在时，可向其他上级汇报。
- 任务完成后找不到直属上级，自己又必须外出时，可留下自己的去向、联系方法，以便直属上级找你。
- 接受了其他部门上级的指示，应该向自己的直属上级及时请示之后再行动。

随时复习

给你下指示的上级最关心这件事情，他对由别人转告的结果持将信将疑的态度。

报联商铁则 20

由接受指示的本人向下指示的上级直接汇报。

When：什么时候需要汇报

工作开始时要报计划，让上级知情安心

案例 No.33

不善于在人前讲话的鲍莲裳被指定给全公司有关人员介绍科里的一个项目。在做准备的过程中，鲍莲裳担心自己讲不好，就密切地向自己的科长

请示，科长也知道鲍莲裳是第一次做这样的演讲，需要借机会培养锻炼她，就每次都耐心地对她加以指点，帮她做好了准备工作。

尽管做了充分的准备，但是演讲时鲍莲裳还是紧张得直冒汗。好不容易像背台词一样结束了演讲，如释重负的她却马上遭到了来自各方的种种提问，顿时鲍莲裳的脑子里一片空白，不知如何回答。

这时，鲍莲裳的科长站出来，妥善地回答了大家提出的各种问题。准备期间的沟通使科长对这次演讲的内容已经了如指掌，他预测到鲍莲裳会临场紧张，已经提前做好了应对提问的各种准备。

短评：这就是协同作战的好处。试问：如果鲍莲裳在做准备时没有密切地向科长汇报，紧急时刻，科长能那么恰到好处地救援她吗？

随时复习

让上级知道你的工作计划，在你危难的时候他能够伸出援手。

报联商铁则 21

向上级汇报你的工作计划，可以让上级看清你即将走的路。

一切正常时要报进展，让上级知道状态

案例 No.34

鲍莲裳获得了上级下达的可以直接下班的指示之后，到离公司较远的地方谈业务去了。业务谈判没有特别的进展，只好约了另外的时间再次面谈。这时接近下班时间了，因为有可以直接回家的指示，鲍莲裳就直接回家了。第二天早晨一上班，科长就批评了鲍莲裳。

鲍莲裳为什么挨批评？

- 是因为去离公司很远的地方谈业务，却没有进展吗？
- 是因为出去谈业务，只是鲍莲裳一个人去的吗？
- 是因为工作结束后没有及时跟上级联络吗？
- 是因为直接下班回家了，没回公司吗？

短评：没有进展也是一种进展。你知道没有进展，但你不说，上级怎能知道没有进展呢？出门谈业务，不论谈成了什么样子，都要把自己这里的状态及时通报给有关人员。因为你这里的状态和别的环节还有联动，其他人知道了你这里的状态（哪怕没有进展），才好安排下一步。尤其是上级，他作为调度更需要及时知情。

其他与你有关的人是惦记着你这里的情况的，记得通报一声，让人家放心。

案例 No.35

每次培训我都提前把教材做好寄给客户，以便上课时发给学生使用。尽管从未出过差错，但我每次都要挂念这件事。每当第二天有课，而我又外出时，总有些许担心："教材送到客户手里了吗？"于是我在和本部通电话时，若助手告诉我一声寄给某公司的教材已经确认他们收到了，这时我就会感到安心。

我明知不会发生什么事，一切都按部就班，但还是愿意听到一句令我安心的通报。除非不追求工作质量，或者拿别人的利益不当回事的人才不注重这些细节。

练习题 No.5 需要汇报吗？

科长急匆匆地跑过来交给鲍莲裳一叠资料，让她马上用传真发给某客户。

鲍莲裳仔细看了看，有十几页呢，于是马上动手，顺利地把资料发出去了。

随时复习

你这里的工作牵扯着方方面面，总调度权在上级那里。把你的状况汇报给上级，他才好调配。

报联商铁则 22

没进展就是进展，有动作就要汇报。

工作进行中要报信息，和上级共享环境

案例 No.36

出差中的鲍莲裳给上级打电话汇报。

鲍莲裳：科长，我汇报一下关于 B 客户要订购咱们的 A 产品的事，您现在方便吗？

科　长：可以的。你上次不是说他们要提什么条件吗？弄清什么条件了吗？

鲍莲裳：清楚了，他们要求在现有的基础上精度再提高 1%。如能满足这个要求的话，他们答应下个月向咱们定购 100 套 A 产品，合同金额大约是 100 万元。科长，精度提高 1%咱们能答应吗？

科　长：我上个月为别的项目跟工厂联络时曾打听过这件事，工厂技术股的王工说从理论上来讲应该是可以的，但需要实验。我来向工厂正式确认，你等我的电话。

鲍莲裳：那太好啦！我觉得如果工厂在技术上能努力协助一下的话，咱们可以接受 B 客户提出的条件，签下这个合同。拜托科长啦！

短评：把自己得到的信息、现状、问题都说清，同时提出自己的对策和想法，让上级掌握现状和进度，以便其进行判断、做出指示。

遇到问题时要报方法，和上级商讨对策

案例 No.37

为了升级全公司的计算机系统，上海总公司组建了一个项目小组负责此事，要求每个部门派一个人参加。苏州分公司的经理指派鲍莲裳负责这项工作。总公司负责这个项目的组长是总务部的唐经理，鲍莲裳并不认识他。

组长唐经理发了邮件，通知各部门的项目组成员在总公司第三会议室召开第一次碰头会，时间是 9 月 15 日上午 10 点到下午 4 点。

鲍莲裳向自己的经理请示后，准时来到上海总公司第三会议室，可是一

个人也没有！等了10分钟还是没人来。会议中止了？改期了？换地方了？上海这边除了就职面试时见过人事科科长，其他人鲍莲裳谁也不认识。

1. 该确认什么事？中止、改期还好，如果换了地方，那就不能再等下去了。

2. 该跟谁确认？是自己的上级，还是唐经理？

3. 该怎么办？总公司没有前台。

4. 万一会议改在明天该怎么办？今天住下，还是回苏州明天再来？出差费会超支的。

短评：我们会不会习惯性地先自己处理？如果问题顺利解决了，那就不必告诉上级了。

正确的应对应该是：马上将情况向自己的上级汇报，讲清自己的下一步打算，让上级知情，然后再行动。这样做的好处是：让上级知晓你的动态，让他有个心理准备。

练习题 No.6 怎么处理？

鲍莲裳离开北京总部到广州出差去了。在访问A公司时，她和对方的业务员洽谈时听到隔壁有争吵声，不知是什么事，也没在意。

可是洽谈结束后出来时，恰好隔壁也有两个人出来，看上去满脸怒气，于是鲍莲裳看了一眼那间屋子，只见门上挂着“财务部”的牌子。鲍莲裳心里“咯噔”一下，紧走两步在大楼的门厅里赶上了那两个人，问了一句：“和他们吵架啦？”其中一个年纪轻的小伙子愤愤地说：“欠我们的货款，催了好几次了，总是推脱！什么再缓缓，再缓缓，没钱就别买呀！”“怎么？他们资金周转有问题？”那个年长的人回过头来瞪了年轻人一眼，两人没有回答就走了。

这可是个重大隐患，因为鲍莲裳公司和A公司的交易一直都是后结账方式，万一他们的资金有问题，以后的回款可能要冒风险，这件事鲍莲裳要怎么处理呢？

有所变更时要报预测，让上级了解走向

被动类变更（大部分的变更汇报属于这一类）

预定的计划发生变更时马上汇报，严禁做完之后才报（先斩后奏）。这时候的变更是指受到外界条件的影响而不得不做的相应调整。

- 条件变了，出问题了，不得不改变以适应——为适应而改变。
- 没预测到，按原计划进行不下去了，改变做法以求突破——为突破而改变。

这种情况主要汇报三点：

1．变更的原因；

2．变更后的应对方法；

3．变更后的预计情况。

案例 No.38

鲍莲裳：科长，计划的本周更换打印机的事，因公司内部原因需要调整，能否改到下周？

科　长：是吗？为什么？

鲍莲裳：财务部说必须在本周把下个月的工资资料和年末致全体员工的信函全部打印出来。

科　长：原来是这样，那就下周吧！下周没问题吧？

鲍莲裳：是的，我和打印机租赁公司联系过了，没问题。改在下周一的话，财务部也说没问题。

短评：下属就是上级的手脚，应按照上级的指示和计划好的步骤去执行。如果中途发生了预想外的变更，应该尽快让上级知道实情：发生了什么变更？为什么会发生变更？自己打算怎么应对？预测的后果如何？让上级了解最新的状态，以便他做出调整修改的指示。别忘了“上级的职责之一是调度”！

主动类变更

执行者在操作过程中对原定的方式、方法有改动意愿，要提出更合适的建议或方案。这就是主动类变更，当然也要汇报。

新方法比原方法更好、效率更高——为改进而改变。

注：此类汇报，详细介绍请参考本书后续“商谈”的有关章节。

练习题 No.7　当情况发生变更时，下面哪种应对合适？

1. 按原来的指示执行。
2. 去汇报新情况，请示该怎么办。
3. 提出自己的应对方案。
4. 提出几个方案，表明自己的态度。

随时复习

情况发生了变更，你必须应对。即使你有对策，只要时间允许，就必须先汇报。

报联商铁则 23

擅自应对是先斩后奏，事后汇报总有逼上级追认的嫌疑。

去汇报时要先说结果，避免让上级焦虑

经过艰苦的努力，你终于把上级布置的工作做完了，不论是成功了还是只部分达到目标，甚至失败了，走到这一步经历了多少艰难困苦、排除了多少障碍，又获得了多少上级的支持和友邻部门的协助，这些心得体会都应该向自己的上级汇报，用口头、文字、必要时用图表甚至 PPT 等汇报。

你的经验也好、教训也好，走的近路、弯路，都已是团队的财富。上级知道了这些可以在团队里和其他人分享，也许可以使其他人避免走同样的弯路，减少浪费；也许可以让其他人直奔捷径，提高效率。

因此，工作总结汇报不仅要汇报客观结果，还要总结经验教训，上级尤其想听的是你的心得。这种来自实际操作者的心得体会尤为珍贵，因为你若不说出来是谁也体会不到的。

想想看：我们努力追求工作的结果，究竟是为了什么？难道不是为了下一次工作的开始吗？可以说前一个阶段取得的成果只是一个新的起点，或者是通

往最终结果的一个中间节点而已！

“某某项目最终总结汇报”，作为汇报，它可以称为“最终”，但作为工作，它不会终结。例如：

- 三峡水电站建成 —— 开始运营，发电、供电；
- 青藏铁路通车 —— 确保安全运输，为开发西藏做贡献；
- 出差汇报感想和建议 —— 开启下一步的工作；
- 在中国进出口商品交易会上找到了代理店 —— 华南市场的开发拓展；
- 新产品宣传发布会圆满结束 —— 大规模销售即将开始。

因此，总结汇报中最关键的不是回顾工作成绩，而是总结因完成工作所带来的新局面、新课题。

随时复习

每项结果都是在为下一步的工作创造条件。从这个意义上讲，所有的结果都是中间汇报。

报联商铁则 24

总结汇报的重点应放在经验教训的分享上，因为你不说谁也不知道。

上级问及时才报过程，让上级知道细节

这是初学者经常感到困惑的一个问题。

建议遵循“先做过头，再减下来”的方针逐渐摸索。

也就是先从“做过度”开始，然后根据情况渐渐地调整到“做得恰好”的地步。

在职场上，下属会遇到各种各样的上级，他们每个人对工作的要求也不一样。当你不能确定自己的（这位）上级对“汇报”所要求的标准线定在哪儿时，不妨采取先“做过度”慢慢地过渡到“做得恰好”的策略（=做减法），这比一上来就做得“不足”再被上级骂得改善到让他满意（=做加法）要合适。

想想看：整天被上级说："这个做得不够""那里做得不好"时他会怎么想你、怎么看你、怎么对待你？反之，如果你交出来的活儿、做的事，总被上级夸奖："很好，很好。但这个不需要""你做得很细致，但这里没必要这么做"时，他又会怎么想你、怎么看你、怎么对待你？

从"做过度"开始，会让上级觉得你是认真的人，他会更愿意把工作交给你。

具体做法是你去汇报时注意观察/检验：上级对你的作为满意，那下次就继续这么干；如果他对你的行为指出哪些方面不好、不需要，那你下次就把它改掉。在一次又一次的摸索中，渐渐摸清（这位）上级的标准线在哪儿，从"做过度"逐步递减到"做得恰好"比一开始总是让上级不满意要好得多，这样做会迅速提升你在上级心中的形象。

工作结束后多报感想，和上级共享心得

本节我们讨论的是什么时候该去汇报，得出的结论是积极主动地去汇报，因为上级在期待着下属来汇报。

1. 工作开始时要报计划，让上级知情安心。
2. 一切正常时要报进展，让上级知道状态。
3. 工作进行中要报信息，和上级共享环境。
4. 遇到问题时要报方法，和上级商讨对策。
5. 有所变更时要报预测，让上级了解走向。
6. 去汇报时要先说结果，避免让上级焦虑。
7. 上级问及时才报过程，让上级知道细节。
8. 工作结束后多报感想，和上级共享心得。

这样岂不是什么都得汇报吗？是的，什么都得汇报！

那有什么可以不必汇报的吗？没有！

可以这么说：想获得上级的信任？想晋升？那就在上级面前把自己变成"透明人"吧！

在工作时，你把自己的工作情况详细、密切地向上级汇报，让上级对你这里的状态了如指掌，这会让他觉得虽然是你在工作，但就跟他自己在干时一样。于是他会对你放心，并对你产生信任！你彻底、全面的汇报可以使上级了解你，

并由此建立信赖关系。

一旦上下级之间有了信任感，很多事情就好办了。即使你会出错、耗时、走弯路，但只要还在上级的掌控之中，他就会觉得你这里并不可怕、可以信赖。

但是什么都要汇报，上级不烦吗？光听下属的汇报上级就忙不过来了，他有那么多时间吗？

不必担心，在这里我们首先要肯定一个原则：积极主动地去汇报是非常必要的，但要讲究方式方法，才能让上级喜欢听你汇报，还不会烦你。这些操作层面的技巧我们在后文会详细介绍（也可以参考第二册《报联商——职场沟通必修课（实战篇）》相关内容）。

Where：汇报的重点在哪里

被询问时的汇报——先说结果（或现状）

你这里的状态是上级时刻都在关心着的，如果你不及时去汇报，他就会来问。被上级询问的事基本上都是当时他最关心的事。这时候，汇报的重点应该放在哪里呢？

案例 No.39

这几天鲍莲裳的业绩一般，正发愁上级问起来怎么应对呢。

科　长：快到月底了，这个月指标完成得怎么样啊？

鲍莲裳：真难啊，还是受大环境不景气的影响啊！这些天我一直很努力地干，可是竞争对手也都毫不松懈；咱们工厂那帮人脑袋不灵活，一点也不肯协助；另外……

科　长：理由和原因都回头再说，结果到底怎样？能完成指标吗？

这几天鲍莲裳状况良好，从一家客户那儿签下一笔大单，这个月的指标没问题了！

科　长：小鲍，回来啦？B 公司那个项目怎么样啦？

鲍莲裳：科长，我刚从 B 公司回来。因为没提前预约就去了，所以费了很大的劲儿。那家公司的经理真忙呀，就是不出面，为了见到他，我可费了不少劲儿，幸亏我的一个老乡帮忙……

科　长：到底怎么样了？那个合同签下来了吗？赶紧说结果！

短评：上级急于听到的是结果。

上级大多是身兼业务和管理两职的人，百忙中听下属的汇报时最想知道的是结果。因为他最关心的是事态的最新状态，他是从结果开始他的思维活动的。从这个角度来看，可以说上级都是急性子，这也是他身处的地位所决定的，他要根据你这里的结果（最新状态）来调整他的工作，因为他的职责是“调度”。

这种时候进展不顺的下属忙于说理由、讲原因，无非是想说“不怪我”，可是上级想听的是结果！那些取得了成绩或有进展的下属则喜欢讲过程，无非是想“表功”，可是上级想听的是结果！

懂得了上级的这种心理活动规律，就先说结果吧，否则你永远不会被他喜欢。

这个道理当年轻人走上领导岗位，开始有自己的下属时自然会有所体会。

重新认识所谓的“结果”

一说到结果，人们习惯性地认为是把事情办完时得出的那个结果，于是中间有进展时就不去汇报，等着把事情办完才汇报；或者自己认为到了一个阶段时才有所谓的“结果”，值得去汇报。

其实不然。在工作过程中，你每动一次，都会有相应的“结果”。或许推进了一步，有变化，或许还是原样。但不论有没有变化，这种你动了一次之后的“状态”就是那个时点的“结果”，所以我们说“汇报的重点是先说结果”。换句话说：先汇报当时的状态。

有进展报进展，没进展报状态。

原因是否要汇报

其实上级也是想知道原因的，因为他从中可以知道现在这样的结果的原委。他需要借此来判断，并依据它来考虑下一步的行动。因此，在说完了结果之后再说原因，他也就听了（严格地说是有心思听了）。在大多数场合，上级会在听完了结果之后马上就问你原因。这说明他也是很关心原因的，只是想先听到结果的心理期待顺序，因其所处的位置不同而与你有所不同罢了。

但是事情办得不理想时千万别多说理由，简单陈述事实就够了，因为理由再多也是改变不了结果的。上级会把你喋喋不休的“理由”听成“托词”，觉得你在逃避责任，那你的这些辩解行为可就弄巧成拙了。

错了就是错了，勇于承认，然后把重点放在下一步的补救措施上，这样才能让上级看到你“屡败屡战”的精神。

随时复习

知道了事情的结果（当时的状态），大约就满足了上级关心点的 80%。

报联商铁则 25

被上级询问时的汇报，要先说结果（或想法）。

自己主动去汇报时——说清事由后，还是先说结果

下属承担的工作发生变化或遇到问题时，下属应该马上去找上级主动汇报，让他知情或请示下一步做法。即使没遇到什么问题，一切都顺利时也该适时地去汇报一下。因为上级想知道事情的最新动态，哪怕此时和上次汇报时并没有发生任何变化，还在原地踏步，你也应该让他知情，他才会对你这里放心。

这时候的汇报属于主动型汇报，是上级并没有询问，你就主动去说的。这时的汇报重点在哪儿呢？该怎样开始呢？和被询问时的被动型汇报有什么不同呢？

主动去汇报时，先要说清事由

案例 No.40

鲍莲裳从公司外面给科长打电话。

鲍莲裳：科长，那个张科长太不够意思啦，根本不听我说话，莫名其妙地发火，还有那个李强也跟着凑热闹，添油加醋地起哄。这家公司的人怎么这样啊？

科　长：等会儿，你说的是哪件事啊？

鲍莲裳：哦，我刚刚从A公司出来，刚才跟他们谈B项目呢。

短评：主动展开谈话的一方，一开始不说明事由就按自己的思路展开话题的话，对方会感到疑惑，摸不着头脑。和这样的下属对话，上级会感觉很累。

主动去汇报的时候，因为你是主动方，你是准备好了才开始的。相反，这时候的上级处于被动的谈话地位，也许正在考虑别的事情，思维根本就不在你这里。你如果不先讲明事由就直入主题的话，他会感到茫然："你说的是哪件事啊？"

先说明事由，讲清是哪件事有动静了，能立即锁定焦点，帮助上级迅速地把思路切换到你要谈的这件事上来，谈话就好展开了。否则，上级的脑子一下子转不过来，他进入不了角色。

说清事由后，重点仍是结果

主动去找上级汇报时，下属想要谈的内容可能很多，如事实、例子、结果、要点、结论、推测、感想、原因、依据、过程、经验、联想……先说什么呢？从哪儿说起呢？仍然要先说结果。

案例 No.41

A：科长，我回来啦！今天地铁二号线出了问题，全线停车。我还算机灵，改乘四号线又换乘公交车赶过去的，累得满头大汗。不过，总算没迟到。

B：科长，我去A公司回来啦！关于B项目，很遗憾，会谈的结果是恐怕我们公司独占这个项目不行。我已经想好下一步的对策，想和您商量一下，您有时间吗？

短评：A的方式太啰唆。开头没有点明事由，说的都是表功的废话，说了半天还没说结果。上级都忙，有时间听这些废话吗？

B的方式就很好，简明扼要，说清事由后马上直接汇报结果，而且有了自己的下一步对策，想和上级探讨。

上级为什么都希望先听到结果呢？因为对于他来说，知道了事由和结果

（什么事，怎么样了），基本就可以掌握 80%的汇报内容，他心里就有数了。

实践中经常发生这样的情况：上级打断下属冗长的汇报，直接追问结果。这样的次数多了，会让下属感到“他总是忙，另找时间再说吧”，而渐渐远离上级。其实仔细想想，这种局面的出现都是因为上级是急性子吗？都是因为上级忙吗？这种局面也可能是下属不懂得应先说结果，而长篇大论地说过程、说原因造成的。

上级想先知道结果的心理原因

上级在知道了“结果（或你的态度和想法）”后听你说事情的其他成分时，他就有可能在那个框架内去听细节的具体说明，这时他的心情是坦然、轻松的。

相反，如果让上级在不知结果到底如何的状态下，听你按部就班地循序叙述、一一道来时，他只能怀着忐忑不安、焦虑猜测的心情来期盼事情结果的揭晓，这时他并不轻松、也不舒服。

脾气好的上级，他其实真的是在耐着性子听你说！而那种没有耐心的上级会马上打断你，单刀直入地问你：结果怎么样？这会让你很尴尬，不由得埋怨“上级怎么都是急脾气呢？”其实，懂得了上边的道理，你也就知道上级“急脾气”的原因了。

再者，知道了“结果”之后听后续的汇报时，上级那里的“调度功能”就会自然启动，他会边听边分析、边听边判断——这种“调度功能”在不知事情的结果时是无法启动的。

随时复习

不先说清事由，上级的注意力就难以聚焦到你要汇报的事情上来。

报联商铁则 26

自己主动去汇报时，说清事由后，应先说结果。

应对上级的关心点，而不仅仅是回答

案例 No.42

错误的应对

科　长：小鲍，前不久让你收集三家公司的资料，你收集齐了吗？

鲍莲裳：B 公司答应明天中午快递送到。但是这家公司没有信誉，以前也发生过不守约的事，所以我很担心。昨天下午和今天早上我都发了邮件催促，到现在也没有任何回复，我正愁呢。

科　长：那另外两家的呢？

正确的应对

鲍莲裳：到现在还没收集齐。A 公司和 C 公司的已经收集完了，就差 B 公司的了。

科　长：为什么？

鲍莲裳：因为……

短评：上级来询问某件事时，他的问话里肯定有重点，那就是他关心的那个点。在这个案例里，上级的关心点是“收集齐了吗”，回答的时候直截了当地应对他的关心点，只要回答“收集齐了”或“还没有”，马上就能解决他关心的大部分内容。

错误的应对方式是滔滔不绝地讲自己的感受和担忧，根本不去回答上级的问题，上级哪里有心思听呢？

正确的应对方式应该是先直奔上级的关心点，等到上级问起原因时再说原因、讲对策。

随时复习

留意倾听上级的问话，从中抓住上级的关注点，给予回应。

报联商铁则 27

不仅仅是回答，重要的是应对。

P-R-E-P 谈话法

先说结果这个技巧我们懂了，可是在需要汇报的那么多内容里面，哪个是结果呢？

有的人常常说了半天还是没说到要点，总是被上级打断：“你先说结果好不好？”

“我觉得我就是在说结果呀！”

“不对，你的所谓结果还是在说事情、在说你的想法，不是结果！”

如果谈话总是抓不住要点，就试试 P-R-E-P 谈话法吧，这种方法能够帮助你把话说到点子上。

实技 No.8　P-R-E-P 谈话法

Point 结果——现在我想汇报的是关于开展驾驶员系安全带大检查的事。

Reason 理由——最近我公司驾驶员系安全带的比率下降，如果放任不管的话，可能会导致重大事故。

Example 举例——最近的调查发现，驾驶员在外面道路上开车时都是系安全带的。但是在公司院内开车时竟有 85%的人不系安全带，甚至在院外的短途行车中没系安全带的现象也时有发生。

Point 结论——在发生重大事故之前，我建议车管科应该举行一次系安全带大检查活动。

短评：重点部分前后重复出现两次，能够起到强调作用。前后两个 Point 都在说同一件事：我的结论（系安全带）。一开始就点明我要说的是系安全带的事，阐述了理由、举了案例佐证之后，结束谈话的时候还是“系安全带”！

用这样的方式谈话、写文字汇报，基本就能说清你要说的内容了。

去汇报之前先想想，我想说什么？如果把它凝练成一句话的话，应该怎么说？把它写成草稿，自己看看满意不满意。如果满意，就围绕着它准备理由、实例，然后去汇报。

先说结果的自我训练

实技 No.9 直接说结果

考虑一下你想说什么事，把它的现状尽量用一两个字来表达。

- 属于需要“判断”的事，先说是或不是，或者行或不行。
- 属于需要“描述”的事，先说好或不好。
- 属于需要“行动”的事，先说去或不去，或者干或不干。

例如，上级问你：小鲍，拜访 B 客户回来啦？那个项目怎么样啦？这时你的回答就是：不行。这就是最直观的结果！

再如，早上交班时，接白班的组长问下晚班的组长：昨天晚班情况还好吧？这时晚班组长的回答就是：是的。直截了当，干脆利落。

仅两个字，对方关心点的 80%已经回答了！

之后展开的谈话就是原因、过程……别看内容很多，比重只占 20%。

短评：这个训练采用的方式比较极端，但对于那些总抓不住重点的人来说，先用这种极端的方式训练自己简练地“先说结果”，再慢慢地在执行过程中体会，就知道什么是“结果”、什么是重点了。

上级问到过程时也要汇报，让上级知道细节

前面的内容反复强调要先汇报结果，不要急于说过程，更不要急于表功。那么，过程就不说了吗？过程中自己（自己团队的其他人员）的辛苦不就没人知道了吗？

不是不能讲，过程也应该汇报。因为结果只是 What，其他的 Why、Who、Where、When、Which、How to、How much 等都在过程里呢，这些信息不汇报上级怎么能知道呢？只是和结果相比，需要把它们暂时往后放一放，先说结果罢了。然后根据当时的情况（时间允许吗？上级关心吗？有必要吗？）决定是否该汇报过程。

一般来讲，上级比较忙，他首先想知道的是结果（或当时的状态）。如果有时间，或者在闲暇时的交谈中，上级也会关心过程。因为过程（经过、方式、

方法、反复、程度）中很可能隐含着重要的启示、重大问题的征兆等有价值的信息。上级比你的目光敏锐，他能比你先察觉、能迅速捕捉微小的征兆。可是你不讲出来，他就不可能知道！

再者，通过对过程的了解，上级还可以借此观察你的思维、心态、能力、性格等个人要素。

从上述意义来讲，过程也是重要信息，只是要通过合适的方法让上级知道。

汇报过程的诀窍就是讲究方式方法。方式、方法、时机把握好了，过程也能巧妙地让上级知道，还不显得啰唆，同时让对方感觉不到你在表功！

那么，过程该如何汇报给上级呢？

练习题 No.8 该如何汇报过程，你觉得下面的哪种做法正确？

时机：

A. 上级不问就不说，如果被问到了，就把理由、经过都详细说出来；

B. 即使上级不问，自己也积极地把重要的理由和过程都汇报上去。

内容：

A. 不管这些信息是好是坏、重要还是不重要，自己不做判断，一五一十地都汇报上去；

B. 把手头的信息整理一下，按照重要度的先后顺序，有声有色地汇报。

方法：

A. 简洁地汇报理由和结果；

B. 汇报理由和过程时讲究技巧、重视质量。

随时复习

过程中也蕴含着很多有用的信息，在情况允许时也应该汇报给上级。

报联商铁则 28

过程要不要汇报，要看上级是否想知道，自己要有所准备。

Which：用什么方式汇报

人类进化到现在，表达自己想法的手段很多：声音的、文字的、视觉的……现代科技的迅猛发展使人类沟通的手段更丰富了，从电子邮件到微博、微信……年轻人用得得心应手。

在众多的沟通手段中，文字或邮件虽然也能传递信息、图像，微信甚至可以传递视频，达到沟通的目的，但冷冰冰的文字、图像携带的信息不多甚至过少，接收方只能从文字、图像上判断，不利于全面了解发信方的意思，有时甚至会产生误解。因此，最能准确传递信息的方式仍然是面谈。

面谈能全面了解对方的意思，从语音、语调、语气里可以听出微妙的差异，从肢体语言、谈话气氛中接受对方传递的信息，这是其他沟通方式所不具备的优势。

不在于说什么，而在于怎么说

说话时，你的眼神、视线、笑容等面部表情和手掌、手臂等肢体动作均能给对方留下深刻的印象，可以占到55%的比例；而你的语音、语调、语速、语气等声音要素给对方留下的印象占38%；那么，你精心准备后侃侃而谈的内容呢？只能占区区7%！

因此，沟通时你如何说话比你说什么更重要！谈话时的表情、眼神、抑扬顿挫的语气、手势等都在帮助人们传递信息，有助于谈话双方相互理解，甚至通过一个眼神、手指的动作就能看出对方心底的本意，比喋喋不休的叙述还管用。

不在于说什么，而在于谁在说

案例 No.43

赵本山连续多年在中央广播电视总台春节联欢晚会上给全国人民带来了欢笑，这就储存了一种信誉，人们普遍觉得，赵本山的节目肯定好看！于是，只要是赵本山的节目，你肯定会产生想看的欲望：是他在演，值得一看！其实他演的是什么，演得好不好，你事先并不知道，只是因为是赵本山演的，你就心动了。

这种现象在工作上也是一样。同样的一件事，甲去跟上级说就通不过，而乙去说就通过了，这是为什么呢？因为人不同。

小贴士 No.4　好感度银行

每个人在别人那里都有一个属于自己的“好感度账户”，我们姑且把它叫作“好感度银行”吧！

我们平常谈论到某个人时，有人就会说“我对他没有好感”“他呀？不守时的”“那个人说的话你也敢相信？”等，这些都是人们的日常行为给别人留下的印象。当你和别人产生互动时，别人会依据这种印象（对你的好感度有多少）来决定如何对待你。

这种好感度是从你和别人第一次见面时留下的印象开始，在认识之后的每次交往（谈话、电话、邮件、一起吃饭等）中逐渐积累起来的。

如果你跟你的上级在日常交往中注意储蓄（积累好感），那么他对你的好感度就会逐日增加。当你做错事去向他汇报时，他会根据对你的好感度来裁定如何处理。这就是在同一个部门里，甲总是挨上级的批评训斥，而乙却总能过关的缘故。

做好报联商就会及时地跟上级、跟身边的人密切沟通，这样做会让对方及时知晓一些与他相关的信息，其结果是让他做到心中有数而安心，进而感谢你。这种沟通不就是向你在他那里开的账户里存入他对你的好感度吗？

用密切的报联商沟通来不断地往账户里储蓄吧，储蓄得越多，这个账户就越好使。可是一定要注意珍惜这份储蓄的财富，因为交往中的一次失信或失误都有可能使对方把你的储蓄清零，使你辛苦积累的好感度荡然无存。

平日注意往上级的“好感度银行”中不断地存入自己“好感度”的人，由于获得了上级的信任、被上级喜欢，所以他做的事、说的话，上级就容易接纳。

你向上级汇报能收到好的效果，是建立在双方信赖关系的基础上的。这种信赖关系可不是一蹴而就的，需要在日常工作中逐渐积累。待你跟上级建立了信赖关系，那沟通就简单多了。一个手势、一个眼神就能达到相互理解、配合默契的效果，不需要更多的文字表达，也不需要喋喋不休了。

练习题 No.9　科长交办的两项工作做完了，应该去汇报，但是科长看起来很忙，怎么办？

1. 科长太忙了，不要擅自去打扰，等他来问时再说。
2. 两项工作中先汇报重要的那项。
3. 先口头简单说出自己的意见和对策，等科长有空时再详细汇报。

灵活运用 T.P.O.进行汇报

终于懂得了工作有进展就该主动去报状态、做完了就该去报结果、坏事要早报……可是自己兴冲冲地跑去汇报时，上级忙、上级烦，为什么？既要让我及时、密切地汇报，可是到上级那里去，又总挨批，这可怎么办呢？

很多人在刚走上工作岗位时，习惯性地以自我为中心。在向上级汇报时，在和别人沟通时，喜欢以自己的方式进行，而不是站在对方的立场上去考虑对方的感受，这样做肯定影响沟通效果。

小贴士 No.5　所谓的 T. P. O.

沟通要根据时间、内容、当时的气氛，注意选择合适的时机、地点、场合，这就是我们常说的办事要讲究 T.P.O.。

案例 No.44

清朝乾隆年间的和珅是个很会“来事儿”的人，他就很懂得运用 T.P.O.。

有这么一个逸闻，说的是在一个炎炎夏日的晌午，和珅的上级乾隆皇帝在皇宫里与和珅边走边议论着紧急军情。说着说着，乾隆困了，就近找了间屋子进去睡午觉。远远地跟在后面的由太监组成的“知了班”，马上前来在那间屋子周围爬上树，用随身携带的工具去粘知了（蝉），为的是让这间屋子周围尽可能地安静一些，让皇帝能多睡一会儿。

没过多久，乾隆醒了，出门没看见和珅，就问：“和珅去哪儿了？”只见和珅满头大汗地从一棵树上爬下来：“臣在。”乾隆一见他衣冠不整的样子，不满地说：“你这个军机大臣，怎么不顾国家大事，竟去干粘知了这样的小事？”岂料和珅恭敬地回答：“皇上睡觉的时候，这就是臣的头等大事。”

乾隆听了哭笑不得，对他又爱又恨。

短评：军机大臣是何等人物？绝对的高层人物！可是这个高层人物竟然去粘知了，但是这就是 T.P.O.。因为他懂得在那个时刻，让自己的上级舒服、多睡会儿，就是当前的头等大事。

我们且不说这个故事的真伪，也不在这里讨论和珅这个历史人物的忠奸善恶，只是想借这个故事的情节来说明：我们在沟通时要学会读懂当时的气氛、看懂对方的需求，得有“眼力见儿”，得“会来事儿”，沟通才能有效果。

总之，还是那句话：怎么说比说什么更重要。

练习题 No.10　考考你的 T. P. O.：哪种应对更合适？

上级说：“最近我经常胃疼，不会是胃溃疡吧，要是胃癌就坏了。”

你的回答是：

A. “科长，不要紧的。别多想，没那么严重。”

B. “不会的，科长这么健壮，怎么会呢？”

C. “是吗？胃疼可不是闹着玩儿的，去医院看了吗？”

传递坏消息时要格外慎重，注意方式方法

案例 No.45

市场需求发生重大变化，公司 10 年前推出的 S 产品已经落后，公司内部研究决定终止这款产品的生产，从市场撤出。

这款产品这些年来一直是交由合作伙伴 A 公司全面代销的，本公司的这一内部决定必须通知 A 公司，以便终止和他们的 S 产品的代销合同。

会后，经理指示鲍莲裳通知 A 公司这件事。A 公司的负责人是 B 科长，他每周至少会来一次，因为他们还代理着本公司很多其他产品的销售。今天已经是周三了，于是鲍莲裳像往常一样发了一封邮件，通知 B 科长尽快到自己公司来，“有要事相商”。

第二天，B科长就兴冲冲地来了，见到经理时高兴地问：又有什么好事啦？当听到是终止S产品的代销合同时，犹如被泼了一盆冷水！

短评：销售公司是重要的合作伙伴，轻率、鲁莽的言行，很可能会伤了感情、搞僵了关系，若对方在市场上给你设置障碍，这比不了解你的人更可怕！

像上述案例就应该先用电话通知：有一个不太好的消息需要告诉你们，我们近期拟登门拜访去做说明，请给个方便的时间。约了时间以后，由相应级别的领导登门拜访详细说明公司的方针：这纯属我公司内部方针的变化，与贵公司毫无关系。贵公司常年努力经销我们很多产品，我们一直都是很满意的，今后我们将一如既往地与贵公司合作，请予以谅解。

如果是这样周到的沟通，对方也会理解、释怀的吧！

案例 No.46

日本的本田公司创业时期是只做摩托车的。看到这家公司经营得风生水起，一家主要经销商的老板就跟本田公司当时的总经理本田宗佑先生说：“我儿子今年就大学毕业啦，让他到你那里去干怎么样？”本田总经理回答：“可以呀，欢迎，让他来报名吧！”

没想到那个孩子在本田公司的就职考试中竟然没及格！这没办法录用啊！这个坏消息应该怎么告诉自己的合作伙伴呢？人家可是自己的主要经销商啊，不好得罪的！

本田总经理苦思良久，只好使出苦肉计：自己亲自驾车行驶了几百千米去拜访那家经销商的老板，当面表示歉意：“对不起，这样我也没有办法，也许贵公子不适合我那里。”

见到本田总经理如此诚恳，对方也就理解了，并没有损害合作关系。

短评：坏消息不得不传递时，诚挚的歉意是消除负面影响的最有力武器。尽管得到的是不好的消息，但是收信人在不愉快、甚至盛怒的情绪下看到发信人诚挚的歉意，肯定能缓解当时的情绪。

在报联商的种种沟通模式里，坏事的传达是最难处理的。好事还好，说的人和听的人都高兴，即使方式方法有点不妥、时机有点延误，对方也会因高兴而原谅你。可是坏事就没那么简单了，我们常说的“这事棘手”就是这个意思。如何妥当地告知对方不好的消息是一件令任何人都头疼的事。

可是，再坏的事也得说呀！学会运用 T.P.O.吧！做好充分准备，拿出自己的诚意，就能尽量降低负面影响。

练习题 No.11 考考你的 T. P. O.：哪种做法最妥当？

1. 上级刚从外面回来，满身大汗，还没落座，你就抱着一大堆资料跑过去要汇报。

2. 季度例会的前一天，上级在埋头整理会议资料，你频繁地跑去向他请示。

3. 上级在会客时，你用递字条的方式请示急事，简要写明请示事由，附上 YES、NO，请上级打钩。

4. 科长在批评小张，你觉得看不过去，跑过去打圆场。

随时复习

沟通方式更容易给对方留下较深刻的印象，而沟通内容有时反倒是次要的。

报联商铁则 29

不在于说什么，而在于怎么说。有时，也取决于由谁来说。

报联商学习到这儿，可以做一个阶段性的小结。

到现在为止，我们已经学习了 6W，如下所示。

跟谁汇报？ Who——谁？ 跟需要的人。	什么时候需要汇报？ When——何时？ 在他希望的时刻。	用什么方式？ Which——何种方式？ 用适合他的方式。
汇报什么内容？ What——什么？ 送去他最期待的信息。	为什么要汇报？ Why——为什么？ 因为他想知道。	汇报的重点在哪里？ Where——哪里？（重点） 事情的结果（或现状）。

从这个阶段性的总结来看，汇报不是一个僵化的行为，也不是全部有章可循的行为。它是需要在理解原则、原理的基础上，因事、因人、因场合、因轻重缓急而灵活掌握运用才能奏效的一门技巧。

但是万变不离其宗，那就是通过汇报把信息传递给上级，让上级和自己共享这些信息，以便解决问题。

懂得了这个原理，在日常的工作中注意观察积累吧！其实，只要把前四条努力落实，你很快就会获得上级的青睐。不信，你试试看？

How to：怎么汇报

注意寻找合适的汇报时机

案例 No.47

鲍莲裳：科长，那份报价单已经做好了，能否麻烦您尽快审批一下？

科　长：嗯，你辛苦了，先放在这里吧！现在我要出门去办事，明天我看一下。

鲍莲裳：啊？科长，不好意思，这份报价单明天上午就要用，可否请您现在就审批呢？

科　长：小鲍，你没看见我在忙吗？怎么能提出这种无理的要求呢？

短评： 这是典型的以自我为中心，须知上级不是围着你一个人转的。

顾及对方的状况，以对方方便为主

其实，上级也有自己的任务指标，他既要完成自己的任务，又要处理自己下属的事，所以他肯定比你忙。而且每个人都有自己的习惯，上级心里每时每刻都在盘算着现在得干什么、一会儿得干什么，必须在什么时间把什么事情做完等。这时候下属自顾自地跑过来就要求上级给自己办事，这就打乱了他的安排，上级实在是应付不了。如果下属个个都这样“任性”，那上级哪里还有自己的时间，还不整天被下属牵着鼻子走?

是的，上级应该为下属服务，包括提供帮助、提供资源、给予辅导……但上级并不是为你一个人服务的！上级有那么多下属，如果下属都像这个案例里的鲍莲裳一样，“现在我来请示了，你若不现在就给我审批，耽误了工作，那可就不怪我了”，这种想法纯粹是新员工不成熟的“以自我为中心”的思维，是要不得的。

因此，下属向上级汇报，需要寻找合适的时机，原则上以对方方便为主。这就需要下属平日多观察上级的工作习惯，熟悉上级的工作规律，了解上级的日程安排，顾及上级当时的状况，在他方便的时候去汇报。但工作上有要务、急务时，可以不必拘泥这些礼节。

见缝插针

即便上级忙，但由于你不会寻找空隙而延误了汇报时机，结果还是你不对！记住，如果有事没能及时汇报，不论什么原因，总是你不对，挨批评的依然是你！

那怎么办呢？上级的时间空隙很少，我们只能把自己的事情分解精练，才能见缝插针地汇报。只要站在上级的立场上思考，平时善于观察、注意积累，肯定能找到适合汇报的时机。

实技 No.10　充分利用时间

科长通知鲍莲裳，明天下午和他一起去拜访鲍莲裳负责的客户 A 公司，谈 B 项目。

最近鲍莲裳虽然和科长有过几次沟通机会，但都因为时间原因，只谈了当时的要紧事。仔细想想，该跟科长汇报、沟通、交换意见的事情已经有好几件了。这回跟他出访，乘坐地铁的话，在路上能有机会单独相处 1 小时，抓紧点的话可以谈六件事！可得好好计划计划时间该怎么用。

- 第一件事10分钟——在往地铁站走的路上：上周科长布置的××工作需要费用，可以先探探科长的口风。
- 第二件事10分钟——在地铁的车厢里：G客户的一单货提出延期付款的要求，先听听科长的意见。
- 第三件事10分钟——在往客户A公司走的路上：介绍一会儿要拜访的对象的背景，准备洽谈的预案。
- 第四件事10分钟——在从客户A公司出来往地铁站走的路上：总结刚才的洽谈要点，听取科长指示。
- 第五件事10分钟——在地铁的车厢里：如果洽谈得好，科长高兴，就趁机谈下个月参加培训的事。
- 第六件事10分钟——在从地铁站走回公司的路上：3天加班的调休，想和春节合并使用。

第一件事和第二件事有需要给科长看的资料，需要提前准备出来，带在身边。

短评：时间只要挤，总是会有的，就看你有没有这种意识了。

实技 No.11　一些见缝插针的小窍门

- 午饭时和上级同桌：不要怕，这是一个非常好的时机。
- 午饭后、上级等电梯时、上级接听电话后、晨会后……都是见缝插针汇报的机会。
- 在上级的电话快挂断时，提前带上资料站在他桌子的斜对面，做出一副有话要说的样子。
- 频频欠身朝上级的座位窥探，制造有事要找他的气氛。
- 等在上级上洗手间、吸烟室、送客回来的路上。
- 平时注意掌握上级的日程表（报联商规范的公司都会公布），一旦发生紧急情况，这会带来方便。
- 从上级的日程内容推测上级的心情和忙闲程度，选择汇报时机和内容，如董事会召开前、上级出差前。
- 早会后询问，今天什么时候有时间？下班前询问，明天什么时候有时间？若被反问“明天你有什么事吗”，可以回答：“提前问好您的时间，有汇报时就可以错开您忙的时候。”

- 可用手机、邮件提前约时间：关于某事需要占用您几分钟时间，请问何时合适？
- 把内容按 6W3H 写在纸条上，注明：有空时叫我。递给正在打电话的上级，或贴在他的桌子上。
- 应该避免去打扰的时间段：上级要开会之前、会客之后、准备去向领导汇报之前。

了解你的沟通对象

每个人在日常工作中，每天频繁打交道的人也就那么几个，多则十几个。在这有数的几个人中，接触得最频繁、对你来讲最关键的人，应该就是你的直属上级了。于是，跟他的沟通就是你每天上班的重要内容之一。既然如此，你怎能不了解他、不熟悉他，不把他的沟通模式摸透呢。

- 观察他：办公桌、公文包、言谈举止、着装、作风、读什么书……
- 注意他：和谁说话容易生气，为什么？什么场合会高兴，为什么？讨厌谈哪个话题，为什么……
- 揣摩他：需求、好恶、本意、意图……
- 了解他：喜怒哀乐、性格、管理风格、沟通方式……
- 检查自己：资源、能力、知识、优点、缺点、和上级的异同点……

这样做的目的是设法尽快适应上级的模式，为方便沟通创造条件。例如，上级是某足球队的粉丝，昨天那支球队赢了，那么今天我可以去申请用款了！

其实，每次去汇报都是一个观察、了解上级的机会。通过汇报时的交流沟通，可以了解、熟悉上级的性格和习惯。通过频繁、密切的汇报，渐渐地就能推测出上级在什么时候期待着什么汇报了。

良好的开始等于成功了一半

关于被上级问到时的被动式应对技巧，我们放在其他章节讲述。下面我们探讨一下当自己主动去汇报时该如何开始才妥当。

首先要确认对方的情况

- 上级经常十分忙碌：正在准备会议资料时；从领导那儿接受了新任务刚回来……
- 上级也有心不在焉的时候：刚挂断客户无情的投诉电话，脑子里还在想电话的事……
- 上级也有心情不好的时候：感冒发烧浑身无力；扭伤的脚腕隐隐作痛；私事烦心……

这时候下属若不问青红皂白地汇报一通，造成上级听不进去、没听懂、没听清、没听全……而导致判断失误，给你下达的指示不合适甚至错误的话，这也有你的责任，因为你没掌握好 T.P.O.！

你向上级汇报的目的是和他共享信息，获得他的理解和支持，聆听下一步指示。那么，你在开始的时候就必须确保让上级进入状态，帮他准备好倾听的姿态认真地听你讲，你才能更好地达到自己的目的。否则匆忙开始，万一上级没听明白（或误解）就给你下达了让你更加为难的指示，你是照办还是不照办？岂不是自讨苦吃？

比较有效的办法是：当自己有事需要找上级汇报时不要唐突地忙于讲述正事，先问一句：现在可以吗？利用第一声探探路：看看气氛合适不合适？是现在说还是换个时间再说？怎么说？只简单说要点……第一声能帮助上级把注意力转移到你这里来，把脑子切换成听你汇报的模式以便专心听你讲话，这样你的目的就达到了。

巧妙地讨要时间

你的第一声如果只是“可以吗？”“现在占用您点时间可以吗？”“您现在有时间吗？”效果不一定会很好。因为面对这样的问话，上级心里会打鼓：你这是想说哪件事啊？会打断我多长时间啊？如果他正忙的话，就有可能回答“我正忙呢，你等会儿再来”，这样你的汇报就要拖延了。

怎么办呢？应对技巧是：直接报出事由和时间量。“关于某某事，想占用您 10 分钟，可以吗？”这样直接点题，并说明自己打算用多少时间来谈这件事，让上级听明白你的来意和预计时间，便于他根据自己的工作状态来决定现在给不给你时间。有了这个过程，他的大脑就切换到听你汇报的模式上来了。

而在开始汇报之前就营造出这种让上级认真地听你汇报的环境和气氛，对于你做到汇报到位是很有帮助的。

不过，这里要特别提醒的是，必须注意守约、守信。

和上级明确了多少时间（如 10 分钟或 20 分钟），就一定要掌握好节奏，在约定的时间内完成你的汇报，千万不要拖延，否则会使你失去信誉。

实技 No.12　不同的内容，不同的开始

- 情况不好时去报坏事——注意先察言观色：“现在有时间吗？有件事得马上跟您汇报一下。”
- 顺利完成时去报结果——关系近也别失礼：“现在可以吗？某事做完了，跟您汇报一声。”
- 做错事情时去报对策——别忘了先道歉：“对不起，某事出问题了，跟您汇报一下可以吗？”
- 用电话汇报时，由于看不到上级当时的状态，不知他正在做什么，更要先问一声：“现在方便吗？”

汇报开始，先确认上级能给你多少时间

案例 No.48

科　长：快点儿吧，我还有 5 分钟就得去开会了，你还有什么事？

鲍莲裳：啊？！怎么就要走？我这儿还有三件事没汇报呢？

科　长：你说话太啰唆了，你过来时也不问问我的时间。

鲍莲裳：那怎么办呀？

短评：开始汇报后，首先问问上级有多少时间听你的汇报，然后根据他的时间确定自己的汇报节奏。

案例 No.49

鲍莲裳：请问，您有多少时间听我汇报？

科　长：哦，我 3 点要去开会，现在 2 点半了，还有 30 分钟吧！

短评：确认自己拥有的时间后，按轻重缓急选择汇报的内容，掌握谈话节奏。有时间就细细展开，没时间就按 6W3H 只谈重点，有效地利用上级给的时间。

如果你要汇报的内容确实太多，而上级给的时间又不够的话，可以想办法用辅助手段弥补时间不够的缺陷。例如，一件事当面只讲要点，详细资料放到上级的公文包里，把 U 盘里的 PPT 等资料拷贝到上级的计算机里等。或者干脆把 U 盘清空后只存储这次要汇报的内容，直接把 U 盘交给上级。

注意谈话时间一定要控制在上级给的时间之内，不要擅自打乱上级的安排，那样上级会不高兴，既影响他对你的好感度，也降低你自己的信誉度。

随时复习

按照上级给你的时间安排汇报，根据需要简要汇报或提供文字补充材料。

报联商铁则 30

开始汇报后先询问上级能给自己多少时间。

做好准备再去汇报

案例 No.50

科　长：你快点儿吧，我还有 5 分钟就得去开会了，你还有什么事？

鲍莲裳：啊？！我这儿还有两件事没请示呢，怎么就要走？

科　长：你这一件事就用了半小时。一会儿跑去拿照片，一会儿打电话找客户确认数据，这样怎么行呢？

短评：上级自己就有一大堆事要干，还要听下属的汇报。可想而知，在听你汇报时，他巴不得能快点结束。如果你的汇报由于准备不足而拖拖拉拉，他能高兴吗？

前面我们讲过，在你汇报了事由和结果后，上级已经了解了他想知道的内容的 80%。上级了解原因、过程等细节也是辅助理解该结果的要素，而说明这些细节需要借助有关资料、数据，这就需要提前准备。还有有关人员的名片、照片、数字的提前计算，甚至样品、文件、往来的邮件（有时需要打印给上级看）等，这是物质的准备。

此外，还要有心理的准备。

- 这次去汇报准备谈什么事（几件事）。
- 最低想达到什么目的（自己的确保目标）。
- 自己的心理准备（万一挨批评，被驳回时该怎么办）。

自己主动去汇报之前，必要时用稿纸列个提纲。既可以“备忘”，还可以帮自己整理思路、精练语言。这样准备好了再去汇报，能高效率地把事情说清楚。

随时复习

提前做好准备工作，能让你的汇报简洁明快，给上级一种干练的感觉。

报联商铁则 31

做好准备再去汇报。

尽量简明扼要

高效率地谈话 = 尽量简洁

案例 No.51

我在教学实践中经常在开始讲课之前提一个问题：“请问，在报联商（上下级沟通）方面你有什么困惑？”让学员把困惑写在小纸条上收集上来，待培训结束时再用抓阄的方式发回给各小组讨论，让他们用学到的技巧解答提出的问题。

每个人在小纸条上写一句话，很快大家就都交上来了。可是，有一次有个学员写了好长时间！等他交上来我一看，竟是这样的表述：“自己不是很清楚什么样的问题该自己想办法解决，什么样的问题该拿去请示自己的上级，或想方设法地请求自己的上级来给自己帮忙？”

好复杂哦！其实简单一句“不知道何事该自己办，何事该去请示”就可以了吧？

短评：上级要管理自己的部门。管理，首先是管人。他的心理活动是：下属那里的事我什么都想知道，你们都多多地来汇报才好。可是，最好不要占用我太多的时间——都来告诉我，却别来烦我。

上级在听取汇报时，对那种说话啰唆、重点不明、东拉西扯、语焉不详的下属，其实心里很烦，表面上却只能做出无语状。这可以从他紧锁的眉头、紧闭的嘴巴、玩弄手中的圆珠笔等来察觉。这时，你还是自顾自地“演说”下去，就要倒霉了。

了解了上级的这种心态，想让他对你有好感，就勤去汇报，什么都跟他说，但是别每次一去就谈好长时间。那样他会更烦你，甚至怕你。

你不去汇报，上级埋怨你——什么都不来告诉我；我不问你就不说，是吧？

你去汇报，上级倒怕了你——每次一来就是一个多小时，啰里啰唆地也说不清楚，还得我来询问才能明白你想说什么，烦死啦！

所以，简洁地谈话 = 节省话语 = 节省上级的时间 = 节省成本 = 讨上级喜欢的方式。

采用短句方式

有的人不知道怎么才能做到“表述简明扼要”，这里介绍一个既简单又好用的法子：短句形式——尽量不说长句子，把长句子分解成一个一个的小短句来说。

案例 No.52

我有三件紧急事情汇报：

第一件是●●●（事由），请尽快通知对方（自己的要求）。

第二件是○○○（事由），请您确认一下（自己的要求）。

第三件是◎◎◎（事由），希望您能体谅（自己的要求）。

三件事情，我讲完了。

这次我有两点要说：

一点是★★★（事由），这项工作已经做完了（目前结果）。

另一点是☆☆☆（事由），这是我写好的详细资料，您先拿去看看（目前结果）。

下次碰头是下个月的第一个周二，也就是 8 月 6 日下午 2 点。

短评：时间紧迫时可以只说“事由+结果”或自己的要求（仅此，即可传递约 80%的信息）。比如，“科长，周四的会，我已通知老张了，他说来。”干脆利索，简洁干练，高效实用。

短句的几个窍门

- 多用句号（一句一个意思）。
- 少用接续词（和、与、并、又、并且、还有、以及等）。
- 少用指代词（避免使用他、她、那个人，应该直呼其名，如小王、老李等）。
- 少用装饰语（少做形容）。
- 不用定语或状语做修饰，那样句子会被拉长（把那些成分单独列成一个句子）。

随时复习

上级都喜欢听简洁明快的汇报。既能迅速了解情况，还不必花费太多的时间。

报联商铁则 32

汇报要尽量简明扼要。

用说话的条理性彻底传递信息

同一件事连续说三遍，令人印象深刻

中央电视台第一套节目的晚间新闻联播，在开始的时候把当天准备播出的“要闻”内容播一遍，然后才逐一播报详细新闻。这样不仅起到了预告的作用，还把一条新闻在短时间内播放了两遍，令人印象深刻。

这样的播报方法在国外各大电视台也有，甚至有更厉害的，连播三遍！

这种播报方法在开始的时候简单地播报要闻，但屏幕上映出的不是导播员的脸，而是要闻的字幕，逐条排列，导播员的声音读到哪一条，哪一条文字就改变颜色。然后进入详细播报。播报完之后，又是开头的字幕和导播员的声音：“今天我们给各位观众主要播报了 1、2、3、4……”此时屏幕上的背景映像是刚才播放过的该条新闻的主要画面。

这种在短时间内连播三遍的播报方法，加上声音和映像的重复出现，连续冲击观众的视觉和听觉，能给人留下极深的印象。

注意汇报时的谈话结构——S-D-S 法

例如，今天有三件事要汇报，谈话结构可以这样：

- 第一件事（只说事由）……第二件事（只说事由）……第三件事（只说事由）……
- 下面汇报第一件事（详细汇报）……
- 下面汇报第二件事（详细汇报）……
- 下面汇报第三件事（详细汇报）……
- 综上所述，第一件事我讲了（简单概括总结）……第二件事我汇报了（简单概括总结）……第三件事我讲的是（简单概括总结）……
- 今天，我汇报了上述三件事。

这种汇报方式结构清晰、条理性强，适合用在汇报内容较多的场合，能让听的人听清楚、听明白。

实技 No.13　彻底传递信息的 S-D-S 法

在向上级汇报内容丰富的事项时，只要时间充裕，就可以使用 S-D-S 法：

- Summary 整体 —— 如新闻联播开始时的要闻播报。
- Details　具体 —— 详细播报。
- Summary 整体 —— 结束前的要闻重播。

短评：在商务领域中，在会议上向很多人汇报时，或者在向个别领导做全面汇报时，也可以采用这种方式。

案例 No.53

S　我汇报一下引进新系统的事。主要讲三点：为什么要引进新系统；选择哪家公司；所需费用。

D　首先是我公司计算机系统的问题。根据从各部门收集上来的意见，现在我们的工作总量已经超出当初引进这套系统时的数据分析能力的三倍，尽管做了几次升级，但还是不够用。这是最大的问题。现在市面上已经有了新的系统，其功能……

其次是选择哪家公司的哪个系统的问题。现在，我们共筛选出三家供货商，他们是……

最后是所需费用问题……

S　如上，我汇报了和这三家公司洽谈的情况。根据现状，我认为采用 B 公司的系统比较合适，因为……

短评：对于那些需要详细说明内容的汇报，不管其内容多么丰富、复杂，只要用“S- D-S 法”把内容归纳，将内容有条理地表述出来，听起来就清晰多了。

这种表述方法具有很强的说服力，因为它不仅让听者容易听懂，而且容易突出重点，还能在把重点连讲三遍的基础上让听者不知不觉地接受你的观点，所以这种表述方法具有强大的说服力，被著名演说家广泛应用。

随时复习

当汇报的事项比较多的时候，更要注意汇报的条理性，以免颠三倒四地说不清楚。

报联商铁则 33

说话要有条理，要让对方听得清楚明白。

带着对策去汇报

笔者专注报联商研究教学和普及推广活动多年，为了这个课题曾做过很多问卷调查，有针对下属的，也有针对上级的。在针对上级的问卷中有一条是“你对下属的沟通现状有什么烦恼”。收集上来的上级的烦恼真是多种多样，把它们分类汇总后，前三位分别是：

1．不来——下属不来汇报；

2．空手来——下属来汇报只讲问题，没有对策；

3．干完才来——下属擅自行动，不懂得事前该来请示。

在大量的教学实践中，笔者再次确认了这确实是当前中国商务领域中的普遍现象。

案例 No.54

鲍莲裳：经理，出问题啦！刚才B公司负责发货的小李来电话说，咱们那批货在运往港口的途中，由于修路，车辆颠簸，有两件货物破损了。

经　理：是吗？损坏得严重吗？

鲍莲裳：挺严重的，说是包装盒子都坏了，里面的商品也丢失了不少。怎么办？

经　理：你说怎么办？

鲍莲裳：我不知道啊，不是说坏事要早报吗？再说，那个司机怎么不小心些呢？

短评：下属遇到了问题没有擅自应对，知道该去汇报，而且懂得“越是坏事越要早报”，这是学习了报联商的结果，可喜可贺。可是作为第一线的执行者，资源（库存状态，运输队的联系方式，仓库、港口的状态，价格等）都在你的手里，你想不出对策，难道要上级替你干活儿吗？最后一句“那个司机怎么不小心些呢”，言外之意就是“这里没有我的错”，先把自己撇清！

下属怎能没有对策呢？出了事只知道跑去汇报事实“出事啦”，岂不成了沙僧？就知道一句：“大师兄，师父被妖怪抓走啦！”

上级不是“救火队”！下属不要做“等候指示族”！

如果自己业务管辖领域内出了问题，自己一定要拿出对策去向上级汇报。经验再丰富的上级也无法马上想出对策，再说资源在你手里，本来也不该上级亲自干。否则上级会觉得：“你平时不来，只要一来就是把该你做的事扔给我来干！”岂不成了你给上级布置任务？上级都怕你了。

在接受任务时，上级可能交代了执行方法，或者你自己提出的执行计划里已有上级认可的方法。但是后来情况发生了变化，原计划的方法不行了，不得不做若干改变。你这样做虽然违反了上级原来的指示，但最终只要能够达成目标，那么任何新主意、新方案都可以大胆地提出来，供上级选择、决策。根据对上级意图的理解，不妨多提出几种对策来供上级选择。

老员工应该同时提出几个方案来供上级选择，自己做应对的“问答题”，让上级做几选一的“选择题”。即使新员工或没有经验的人，也要根据自己的能力，拿出自己的对策去汇报。哪怕你拿出来的对策在上级眼里简直就是“小儿科”，那拿出对策也是你的职责。

根据你拿出来的对策，上级会几选一，或者综合某几个对策下指示。这个过程既能让上级了解该项工作的最新状态，也能解决你面临的难题，将工作继续推进，你还能从中学习进步。

随时复习

上级最讨厌来说问题却没有对策的汇报。你做问答题，让上级做选择题。

报联商铁则 34

汇报问题时要带上自己的对策。

阐明自己的观点和理由

案例 No.55

讲清问题之后，关键是要拿出对策。于是，鲍莲裳拿出了自己的对策。

鲍莲裳：关于某事，我想了几个对策。

1. ……A 方案很辛苦，需要加几个夜班；不过，我不怕。
2. ……B 方案可能要得罪人；不过，不要紧，我不怕。
3. ……C 方案很辛苦，需要跑很多路；不过，我年轻，不在乎！

它们各自的优缺点分别是……领导，您看用哪个比较好？

短评：在案例中，鲍莲裳学会了坏事要早报，懂得了按 6W3H 简明扼要地把事情说清楚，也能拿出自己的对策了，而且提供了好几个对策供领导选择。

汇报工作做到这个份上，已经很到位了吧？比原来根本就不懂得要汇报，擅自处理要强多了吧？

不，做得还不够，还差一步！

面对问题不仅要提出几个方案，更重要的是阐明自己的观点！在几个方案中，你的意见是什么？用事实和数据等有说服力的材料来说明自己选择该方案的原因，然后听取上级指示，才算汇报到位。例如："在上述三个方案中，我认为第二个方案比较合适，因为……"至于你选择的这个方案是否妥当，是否能被上级看中并采纳，那是上级的事。哪怕你选中的方案并不是最合适、最可行的，那都是出于你所处的岗位和资源的局限性而选择的。上级站得比你高、看得比你远，阅历和经验都比你丰富，手里的资源也比你充足，他会根据你的对策，听取你陈述的原因来综合分析判断，做出合适的指示。上级还会根据你的选择来考察你，了解你的业务熟练度、判断能力和应对问题的水平。

不论结局如何，作为具体执行者的你至少应该阐明自己的观点，这才叫称职。如果没有自己的主张，只是一味地等候上级下指示，那你永远是个“等候指示族”，只是个“人手”而不是“人才”。

随时复习

拿出多个方案后要亮明自己的观点，用事实和数据阐述自己的理由，然后听从上级的指示。

报联商铁则 35

不仅要提出多个解决方案，还要旗帜鲜明地说出自己的观点。

How to（怎么汇报）技能简要总结如下：

1．寻找合适的汇报时机　（以对方方便为主）
2．了解沟通对象　（知己知彼才有收效）
3．确认上级的情况　（问一句：可以吗？）
4．确认上级能给你多少时间　（内容较多时）
5．做好准备再去汇报　（预测可能被问到的地方）
6．尽量简明扼要　（不要过多地占用上级的时间）
7．说话要有条理　（清晰地阐述）
8．拿出自己的对策　（最好是多个方案）
9．阐明自己的观点和理由　（用数据和事实说话）
10．听取指示　（记录、复述、确认）

How Much：汇报到什么程度

与上级的需求和目的吻合

上级和下属就“报联商”各自都有意见，经常闹矛盾：

- 上级觉得下属不汇报！汇报得太少，远远不够！汇报了问题没对策！经常擅自行动！
- 下属也觉得很委屈，我都这么汇报了还说不够？我去汇报他又不认真听！

问题出在哪儿？

这往往是因为下属的汇报和上级的需求不吻合。上级想听的是下属准备的内容以外的部分！这种现象的背后是下属没能弄清楚上级的需求。

这里给出一个比较简单的摸索上级需求的方法。

在把自己的上级摸透之前，最好准备好比自己打算汇报的内容多两倍的内容再去汇报，便于临场应对。

下属汇报的内容能为上级带来哪些作用？

- 让上级掌握你现在的状态。
- 为上级提供做出判断的材料。
- 为上级提供下指示的依据。

因为你的汇报内容会左右上级的判断和下达进一步指示的准确性，而新的指示对于你来讲又是至关重要的，所以你的汇报必须注意下面几点，否则导致的结果有可能对你不利，或者是你不愿看到的。

1. 汇报的内容是不是和上级的需求相吻合？
2. 你的汇报是否及时？不要错过上级期待的时机。
3. 数据准确吗？是否经得起推敲？
4. 内容全面吗？会不会缺少哪个方面？

正确的汇报主要指的是你的汇报应该与上级的需求吻合、与上级追求的目的吻合，以能否解决问题来衡量。

随时复习

上级对于你汇报的这件事的关注点在哪里？不要只想着自己的目的。

报联商铁则 36

汇报时要注意和上级的目的相吻合。

采用多种手段，汇报到位

你汇报的目的是和上级共享信息，解决问题，推进工作。但是上级很忙，他的脑子里千头万绪，自己的下属又多，难免哪个时候就把你刚刚汇报的事（全部、部分、某个细节、时间、地点等）忘记了，导致你的工作难以推进。

作为下属，你要设法帮助上级记下这些细节，把汇报做到位，采取一些必要的技术手段为汇报的成果保驾护航。面对百忙之中的上级，你细致周到地做些工作，为他创造方便，其实质是给自己提供方便。

当面口头汇报或电话里汇报之后要留下记录。你要适时翻查记录，提醒上级一些关于人名、时间、该打的电话、该送出的文件、致谢信件等备忘信息，起到给上级当好秘书的作用。

案例 No.56

- 口头汇报：和大兴公司的签约仪式都准备好了……（详细内容都记在字条上了，供上级备忘。）
- 字条上写清楚关于和大兴公司的合同最终签约的事：
  - 下周一下午 2 点，对方公司的王总经理和销售部李部长到我公司来洽谈、签约。
  - 我方，李总经理、采购部章部长出席。
  - 合同条款双方都已经确认。
  - 文本、会场、接待等事务工作也都准备妥当，并现场排演过一次。

短评：这样的字条，可以贴在上级的办公桌上。如果你担心薄薄的一张纸容易丢失，也可以把这张纸放在透明文件夹中，文件夹表面贴上标签，标签上用大字写明事由、名称，放在上级的办公桌上。

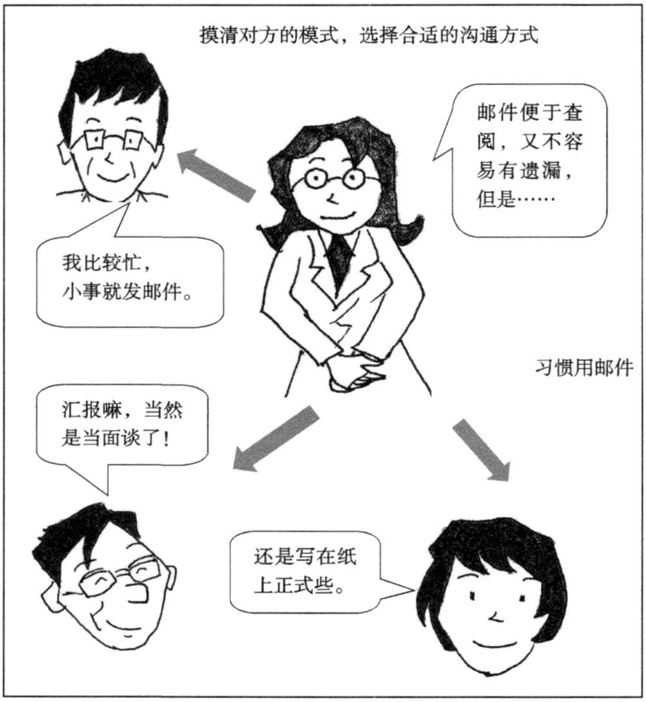

汇报结果后，要设法获得下一步的指示

所有的工作结果都是为下一环节服务的，从这个角度来讲，所有的结果汇报都是中间汇报。当你向上级做了结果汇报之后，只要他没及时给你下达新指示，你就不知道下一步该怎么办，这就不能叫汇报结束。因此，汇报后还要追踪到下一步的指示，这一轮的工作才算结束。

实技 No.14　结果汇报之后的确认事项：

1. 自己的汇报上级看到了吗？听懂了吗？有没有误会？
2. 有什么问题、指示吗？

3. 有汇报却没指示，自己下一步的工作如何开始？
4. 汇报中的问题，上级确认了吗？结果如何？我该怎么办？
5.（如果没有指示）上级忙忘了？汇报书没时间看？
6.（如果没有指示）没意识到这份汇报中有需要进一步下指示的地方？
7.（如果没有指示）上级还没拿准主意？

催促上级下指示的技巧：

1. 在汇报书的第一页上方用红笔大号字体写上“请于×月×日前就此事下指示；紧急、特急、需要回答……”

2. 口头汇报时直接确认：新的指示什么时候下达？

下一项工作的开始（接受指示）才是上一轮工作真正意义上的结束。

随时复习

汇报结果后不要只等候指示，应该积极地询问上级下一步的工作。

报联商铁则 37

把事实和自己的推测、想法进行区分，不要误导上级。

当你拿不准该不该去汇报时怎么办

用适合对方的模式去沟通

在本章中，我们主要介绍了汇报的技巧。

既然是汇报，那么它的沟通形式就是下对上。我们知道在下级和上级这一对沟通关系中，上级往往处于强势位置。那么沟通的效果如何，在很大程度上将与沟通模式是否合适有关。换句话说，作为下级的你，是否采用你的上级所喜欢的方式去沟通，有时候比你沟通什么更重要！

有的上级喜欢详细一些，有的上级却喜欢简明扼要；有的上级只想听结果，有的上级则喜欢对事情做事无巨细的了解。

尽管报联商是双向互动的行为，但作为下属你不能指望上级对你总是耐心地倾听、辅导、指点。一旦你没注意 T.P.O.，汇报的内容无法让上级满意，或者让上级觉得你打扰了他的话，他就会批评你。

因此，如何让自己的汇报适合上级的模式，需要你积极地不断探索，先设法摸清上级的喜好，再摈弃自己的习惯模式，主动向上级的模式靠拢，才能让自己的汇报收到实效。

大胆探索，摸清沟通对象的模式

前面讲述完 6W 的汇报技能之后，我们曾做过一个阶段性的小结，部分内容如下所示。（参照本书 P80）

跟谁汇报？	什么时候需要汇报？	用什么方式？	汇报什么内容？
Who——谁？	When——何时？	Which——何种方式？	What——什么？
跟需要的人。	在他希望的时刻。	用适合他的方式。	送去他最期待的信息。

在 6W 的要素中只要能做好上述四项，上级就会喜欢你的汇报了。这看起来似乎挺简单的，但实际执行起来很难。究竟谁是需要的人？什么时候是他希望的时刻？什么方式才适合他？他最期待的信息又是什么？

你面对的不仅有你的上级，还有别的部门的上级，他们个性迥异、习惯不同。即使你的上级，在不同的时间，面对不同的事也需要你不同对待。

这就好比上级身上有刺。你去汇报时，由于方式不对，内容不是上级急于想知道的，时机没把握好……上级给你的回应可能是："你烦不烦啊？""这事也拿来汇报！""没看我正忙着呢？"这就等于你尚不知上级身上的刺在哪里，你挨扎了！

那么，作为下属的你，又不得不经常面对上级时就要想：反正想躲也是躲不掉的，按照自己的模式去汇报行不通的话，就换个法子！用心去观察他、揣摩他、了解他、熟悉他、适应他，才是最好的应对办法。

其实，每当有事你就积极地去汇报，就是要趁机去深入了解上级，以验证自己平常的观察是否正确。因此，每次主动汇报都是一个难得的机会，等于你趁机去探明上级身上的刺，为的是尽量躲开那些刺，找到能接近上级的安全路径。

不过，每次去“探刺”你都要注意：

- 去之前应该认真准备好。这个时候行吗？这个方式行吗？这个话题合适吗？等等。
- 如果准备好了才去，仍然被批评了，那就是你准备的某个环节没“对上他的号”！
- 挨了扎也不要紧，至少要弄清楚这次究竟为什么被批评了。是时机没揣摩对，他在忙？还是方式不对，太啰唆了？

总是在同一个地方被绊倒的人是不可救药的。我们这样积极地去探索，是为了从失败中总结经验教训，否则就没有意义，也没有必要了。

慢慢地，你汇报时挨批评的次数越来越少，受到上级好评的次数渐渐增加，你接近或达到了那种境界：给需要的人，在他希望的时刻，用适合他的方式，送去他最期待的信息。

其实，上级也是希望下属能够探索自己的模式的。毕竟下属若能用适合上级的模式来汇报上级想知道的信息，上级也会轻松许多。

失败是另一种意义上的成功

当你勇敢地去汇报却被上级批评时，看似是一次失败，但从另一个角度看，你又成功了一次！因为你又摸清了：对于上级来讲此路不通。今后避开这些刺，改走另一条路，就容易通了——这难道不是成功吗？

从这个意义上来说，你主动地增加“挨扎”频率，就能更快地摸清上级的模式！

需要摸清的对象只有几个人

不过，我们在职场上要面对的不止一个上级。不仅每个上级都不一样，而且即使同一个人，每时每刻都有可能变化。这样一来，我们做下属的岂不是很辛苦？要一个一个地去观察、揣摩，这可能吗？

虽然地球上的人很多，可是你一生要交往的人，叫得上名字的也就千八百人吧？你每天上班打交道的也就十几个人，顶多几十个人吧？其中需要你频繁地去汇报的上级，恐怕只有两三个人吧？

只要把这几个人摸清了，你的日子就好过多了。

这个过程是比较难的，但就像愚公移山，挖一点少一点。只要你有意识地、不停歇地摸索，总有一天是能做到的。

善于总结，随时回顾，在摸索中成长

把上边这些道理都想明白了，再遇到有事想去汇报又怕挨批评的时候，你是去还是不去呢？

每年年底，不妨回顾一下这一年来自己和主要上级之间的沟通效果，总结挨批评的比例。如果几乎每次去都要挨批评，那么你就该反省一下自己哪里有问题了。或者给自己定个指标，争取明年把去汇报时挨批评的比例降低到多少，这样就会逼着自己去揣摩沟通对象，每次都做到想好了、准备好了再去，这也能提升你的汇报技能，改善你的工作状态。

这是一个痛苦、漫长的过程。在这条路上有心并不断摸索前行的人，最终将有所收获、得到回报。

本章小结

汇报技巧复习

1．应该汇报什么？	报想法；中间汇报；报问题。
2．什么时候应该去汇报？	开始时，推进时，遇难时，做错时，有变时，结束时。
3．自己拿不准该不该汇报时。	先报上去，由上级判断取舍。
4．哪种汇报容易被我们忽视？	中间汇报。
5．先询问上级是否有时间？	自己拥有多少时间。
6．讲明事由后先说什么？	先说结果。
7．汇报具体过程时，可以表功吗？	不可以。
8．寻找合适的时机。	以对方方便为主。
9．了解沟通对象的模式。	知己知彼才有收获。
10．确认上级的状态。	先问一句“可以吗？”
11．确认上级能给你多少时间。	在汇报内容较多时确认。
12．做好准备再去汇报。	预测可能被问到的东西。
13．简洁地表述。	使用 6W3H。
14．有条理地谈话。	清晰地阐述。
15．根据 T.P.O.考虑对方的状态。	与对方的目的相吻合。
16．按照一定原则应对越级指示。	让直属上级知晓自己的状态。
17．犯错敢于承认，适当地应对。	越是坏事越要早报。
18．不仅要讲明问题。	关键是应该拿出对策。
19．怎么做才不是等候指示？	阐明自己的观点及理由。
20．一项工作做完了一定要汇报到位。	让对方听见、听懂、做出反应，才算汇报完了。

汇报的确认事项

- 你是按照事由—结果—补充说明—自己的感想的顺序进行汇报的吗?
- 记得附上必要的资料，参考资料也准备好了吗?
- 情况发生变化时，以及需要较长时间时，记得去中间汇报了吗?
- 你习惯于多方位思考，并且在多个方案中选择针对性最强的方案进行汇报吗?
- 你做到了不仅汇报结果，还拿出自己的应对方案了吗?
- 你知晓对方的行动模式吗?
- 汇报的时候，你是否注意到要采用适合对方工作习惯的方式进行汇报?
- 去汇报之前，你是否做了应有的准备工作?
- 汇报时上级有可能问起什么问题，你预测了吗?
- 出现问题时，你及时地做到了第一报吗?
- 自己犯了错误、把事情搞砸时，你敢于尽快诚实地去汇报吗?
- 你是否利用碰头会等机会，及时和上级沟通了呢?
- 你是否掌握上级的日程，在合适的时机去积极汇报了呢?
- 当需要说理由时，你是否在把主要内容讲清之后才说理由呢?
- 根据内容不同，你的汇报是否灵活地采用了不同的方式方法呢?
- 你是否觉得汇报时上级没什么反应就敷衍了事或减少次数，甚至就偷懒不去汇报了呢?
- 你认可“所有的汇报都是中间汇报”这一说法吗?

第 4 章

学习“联络”的技巧——成为受大家欢迎的人

What is：什么是联络

联络的定义

联络就是将你知道的事实和信息，不加入自己的意见，迅速及时地、准确无误地、不遗漏人员地、不遗漏内容地、不扭曲内容地传递给相关人员。

联络就是及时地信息共享

案例 No.57

鲍莲裳从客户那里获得了关于自己公司产品的很多宝贵意见，打算向工厂技术科的李科长好好反映一下。今天周四，两人约好了下午 2 点在工厂商讨产品生产工艺的改良事宜。

吃过午饭，鲍莲裳就开车前往郊外的工厂。不料在高速公路上遭遇堵车，已经接近 2 点了，可是到工厂大约还需要 10 分钟。鲍莲裳认为才晚 10 分钟，对方又是自己同事，不必联络了，还是专心开车吧！

李科长很期待鲍莲裳带来的第一线的信息，早早留出了下午2点的时间。可是下午 1 点 50 分的时候，厂里的技术员小王拿着厚厚一叠资料来请示工作。李科长心想，还有10分钟鲍莲裳就要到了，小王的事估计10分钟谈不完。于是，李科长就跟小王说：“要是不急的话，你 3 点再来吧，我马上有别的约呢。”

2 点到了，鲍莲裳不见人影；2 点 5 分，人还是没到，也没打电话；2 点 10 分，一点消息都没有。李科长心里着急：“这是怎么啦？到底来不来呀？要是不来也告诉我一声呀！早知道这样，刚才就该先和小王谈事。真拿我的时间不当回事儿啊！”

短评：其实，仅仅迟到 10 分钟，也不是什么大事。可是，由于没及时联络相关人员，结果是既失礼又在同事那里丢了好感度，真不划算！

在日常工作和生活中，我们经常会遇到一些问题，或知道了某些信息。当你的这些状况或掌握的信息与某些人有关的时候，适时地跟他联络、通告一下，设法让对方掌握的信息和自己相同，事情往往会顺利很多。

这就是联络。换个说法，就是通知、通报，或者通告。

联络是横向的工作

相对于汇报面向上级而言，联络更多的是横向的信息沟通。和汇报需要拿出对策、阐明自己的观点不同，联络不需要对策，只需将获得的信息通知对方。

随时复习

联络就是把自己知道的信息，不做任何修改地及时传递给相关人员。

报联商铁则 38

联络就是传递信息，要记得别让信息停留在自己这儿。

Why：为什么要联络

用联络进行团队运作

公司里、科室里、团队里，在日常的运作中总有信息需要上传下达，或者在成员之间相互传达。密切的信息交流，可使团队充满活力、灵活地应对各种变化、高效率地运转。

案例 No.58　应对越级上级的指示

经　理：小鲍，你们科长呢？

鲍莲裳：经理您好。科长出去拜访客户了，您有什么事吗？

经　理：你们科策划的那个夏季促销方案，你这里有吗？我记得这事是你负责的吧？

鲍莲裳：是的，我这里有。不过，还没最后确定呢。

经　理：你马上给我一份。

短评：给不给？尽管科里还在讨论，没有定稿，但越级上级来要，你能不给吗？

“经理您稍等，我请示一下我们科长再说。”这么应对行吗？经理会想：“啊？！我的命令都不执行，还要听科长的，简直是本末倒置啊！”

那好，马上给。问题是给了以后怎么办？

假如，方案给了经理之后没及时向自己的科长通报这件事（或者因故没能联系上），那么设想一下，当科长从外面回来，刚进公司就被经理喊过去，问起这个方案的事。“这个方案怎么到了自己的上级手里？”由于科长没有思想准备，仓促应对，可能会思路混乱。待科长回到办公室就会追查：“是谁把方案给经理的？是你，小鲍！为什么不告诉我一声？弄得我好被动！”

我们一旦接受了越级上级的指示，在应对之后应该马上向自己的直属上级通报。也就是说，你这里发生的事情、变化都应该及时让你的直属上级知晓，让他心里有数才行。

团队里的人把自己这里发生的事情详尽地告诉身边的有关人员，让他们知晓，尤其让自己的直属上级知晓，使团队内部的信息畅通，对于直属上级的指挥调度和团队高效发挥作用是非常重要的。因此，联络是团队沟通中不可或缺的一项最基本的动作。

随时复习

接受了其他部门的上级（包括非直属上级）的指示后，应立即向直属上级通报。

报联商铁则 39

接受了“越级指示”后，应立即与直属上级联络。

用联络推进工作进展

案例 No.59

科　长：小鲍，早上我让你通知张厂长关于×产品有缺陷，得赶紧采取措施，你通知了吗？

鲍莲裳：通知了，我当时就给他发邮件了。

科　长：到现在也没什么回音吗？

鲍莲裳：是的，什么也没有。

又过了1小时，科长再次来问鲍莲裳。

科　长：小鲍，工厂方面还没反应吗？

鲍莲裳：我也觉得奇怪，刚才给工厂打电话，说张厂长出差了，还没回来。

科　长：啊？怎么到现在才说！厂长不在，马上跟技术科长或车间主任联系呀，怎么能死等呢？

短评：和别人联络都是有目的的，要根据目的去联络。联络之后是否达到了目的，需要确认。当发现没达到目的时，要补充、追加联络。

工作中总会出现某些状况，或偏离我们的目标，或影响前进的速度，这都需要应对处理。因此，团队中的联络有很大一部分是人与人之间、这个岗位与那个岗位之间、部门与部门之间的业务联络，目的是把你知道的信息传递给不知道该信息的人，希望他能有所行动以配合你。在信息反复传递的过程中，工作上的问题在有关各方的协调、协作下被发现和解决，从而把工作推向最终目标。

因此，信息的传递一定要有目的才有意义，仅仅执行上级的指示做了联络活动是不够的。

随时复习

和对方联络不仅仅是为了把信息传递过去，真正的用意是希望对方能有所行动。

报联商铁则 40

联络只是手段，其目的是解决问题，为了联络而联络没有意义。

用联络避免经济损失

案例 No.60

月底的销售例会上，业务员小张汇报，A 客户下个月有可能订购 1 000 个 B 产品，但现在还在洽谈中。

听到这话，负责库存管理的鲍莲裳汇报：“1 000 个 B 产品仓库里倒是有，不过它的包装盒现在库存只有 300 个了，那是要外包制作的。详细情况请看我发给大家的会议资料‘本月度库存清单’。”经理和参加会议的人都听到了，也记在会议纪要上了。

下个月已经过了 10 天，每天忙忙碌碌的鲍莲裳越来越觉得哪儿不对劲。突然，她想到了 B 产品的包装盒至今还没有进货！经理安排订货了吗？该去确认一下。可是转念一想，也许是我想多了吧？经理会指示某人去落实此事的吧？我只是个库管，管好库存就是了，又不管订货。再者，该说的我都说过了，最新的库存清单就在墙上挂着呢……

不料，第二天小张就下了订单，果然和 A 客户签了这笔合同。大家这才发现缺少的那 700 个包装盒谁也没预先订货。马上跟外包厂紧急订货，尽管满足了 A 客户的交货期，却被外包厂索要了一笔加急费！

短评：如果鲍莲裳想到时就主动去提醒经理的话，就能避免不必要的损失。不就是一句话的事吗？不要犹豫，善意的联络人家会领情，如果提醒得及时，人家更会感谢。

“肯定有人会去做吧？”“他应该知道吧？”这种自己想当然的推测不靠谱。在工作中，只要留意到的事就该积极地和对方联络或确认一下，不要担心重复，多联络一下没有坏处。

团队是由各种不同性格、不同成长背景的人组成的集体，大家为了一个共同的理念（目标）在一起工作、奋斗。团队成员间积极地将各自看到的、听到的、接触到的、感受到的、想到的信息和想法及时同有关人员沟通的话，就能避免某个人或团队整体的失误，规避犯错，杜绝浪费。也就是：报联商里出效益！

用联络密切联系客户

密切地和客户联络，对自己有好处

案例 No.61

鲍莲裳公司在竞争一个项目。她按照客户的要求准备好资料，拿去跟客户洽谈。

客　户：那个项目原来是打算让你们做的，可是已经跟 N 公司签合同了。

鲍莲裳：啊？为什么？按照你们上次提的要求，我们准备好详细资料就来和你们谈了。

客　户：别误会。按说这么长久的交情，我们本该和你们签合同。可是，自从上次我们提出具体要求以后，你们这儿就没了下文，我们还以为像你们这样的大公司不稀罕我们这样的小项目呢。正好N公司了解了我们的要求后很快就有了结果，于是就让他们做了。

鲍莲裳：不是的。我们对这个项目很重视，专门成立了一个小组详细调查，对六个分项一一做了测算落实，费了很大劲儿呢。你看，这份资料做得多详细！所以花了些时间，今天才汇总拿来……

客　户：的确，这份资料做得很好。可是，你不跟我们讲，我们怎么知道你们在努力呢？

短评：你是很努力，可是你没联络人家，人家当然不知道。

跟客户的关系主要分为调查、策划、开拓、合作、维护这几个阶段。一旦和客户建立了业务关系，那么能走多远、能做多大，往往取决于负责的那个人的素质。再大的公司派一个不认真的业务员来负责，也竞争不过名不见经传的同业小公司里那个认真负责的人！

客户是上帝，他们是买方，在竞争体制下，他们永远选择对自己最有利的方式来处理问题。你改变不了客户，那就改变自己。

凡是跟客户有关的信息，不要仅仅自己知道，应该及时通知对方，让对方知道你这里的状态、你的想法、你的计划，这样他们才会配合你。渐渐地与客户建立起信赖关系，逐渐走向默契配合之后，你的事就好办了。

不让客户担心，你可以储蓄“好感度”

案例 No.62

周日下午，一名顾客在柜台上选购了一款洗衣机，为这位顾客服务的售货员鲍莲裳按照规定答应顾客：“下周三前就能送到贵府，给您安装调试。”

送走顾客后，她给店里的仓库下单才得知，这款商品已经没有库存了。库管员马上跟工厂追加订货，工厂答复预计下周内可以把货送到店里的仓库。

坏了，这下对顾客的承诺无法兑现了，顾客会觉得上当受骗啊！鲍莲裳马上联系顾客，道歉之后，把约定的下周三前送货改为下周日前，再说明原因。

顾客当然不满，并且怀疑店家是在蒙骗，不信！

鲍莲裳没有放弃，下周二继续跟工厂协调：能否周四安排店里送货的车先路过顾客的家，店里派一个师傅按时在那里等候，先卸下一台，货车再开去店里的仓库？结果工厂答应了。

协调到这个地步，鲍莲裳马上跟顾客联系，通知顾客：后天（周四）下午把货送上门可以吗？顾客喜出望外，但仍然不大相信。

周四下午，货真的送到了，而且鲍莲裳掐准了时间再次打电话向顾客道歉，并确认了师傅正在安装才放心，顾客这才相信了店家的承诺。

短评：事情不论大小，只要是顾客的事情就要重视。只要把顾客的事当作自己的事情来对待，就会联络得贴心、满意、人性化。尽可能早地联络能获得顾客的好感，及时地通告当时的状态、进展就能让顾客放心。

不论自己是买方还是卖方，客户都是很重要的人脉资源。关心对方就是关心自己，帮助对方就是帮助自己。及时妥当的联络也能在“好感度银行”里储蓄。让对方安心，他会对你有好感，他自会用其他方式回报于你。

想到了就马上行动，不要拖拉。有的人心里想着该早点跟人家联络，但事一多就忘记了。等对方来问时才说：“我正想跟你联系呢。”此时已经晚了，对方是不信的。先发必胜，后发总是被动。

记住：不要失去信誉，失去的信誉即使被你努力挽回了，也不是原封的，而是“带伤”的。

随时复习

答应别人的事，哪怕积极在办，如果耗费时日，也要随时通报现状，以便让人家放心。

报联商铁则 41

凡事多替他人着想，及时地通报一声，让对方安心。

用联络树立公司形象

案例 No.63

一个夏日，深圳的一个重要客户要到公司来访问，对方是一位经理，于是鲍莲裳请示自己的经理，出于礼节希望经理能够出面接待一下。经理同意了，并询问了客户的姓名和来访时间。

下午 2 点，客户到达后一报出自己的姓名，前台小姐就很热情地说：“欢迎光临，我们的经理和鲍莲裳在恭候您的大驾，请跟我来。”客户被带到预留好的会客室。里面提前开了空调，客户一下子感觉凉爽下来，身心舒适。前台小姐马上奉上一杯凉茶，客户一口润喉、两口清肺，烦躁的心情一扫而光。

会谈进行得很顺利，生意也谈成了。告辞时，客户特意说：“这杯凉茶好爽口。”

送走客户，鲍莲裳路过前台，跟前台小姐说：“客户很满意，说你的接待很周到。”前台小姐回答：“是经理提前打了招呼，我才预先准备的。”

原来是经理把那个客户的姓名和预定的来访时间提前通知了前台小姐，让她做好接待准备的。

短评：经验丰富的经理用实际行动给下属上了一堂报联商的实务课。经理略施小技，简单的一个联络，就在客户面前大大展现了公司的形象，给客户留下了很好的印象。这为鲍莲裳日后的业务开展奠定了坚实的基础。

联络其实就是送出一条信息。但是如果把信息在恰当的时机送到恰当的位置，这条信息所能发挥的作用则是巨大的，有时甚至是不可估量的。只要我们稍微用心，把信息恰当地和相关人员分享，就能收到很好的效果。

用联络给客户留下好感

案例 No.64

一年一度的股东大会又要召开了，届时会有一些法人股东代表、个人持股者前来公司出席。周一晨会时，总务部的负责人鲍莲裳上台向公司总部的全体人员发表联络：

- 公司定于本周三上午10点在顶楼大会议室召开本年度股东大会，请各位同事注意协作。
- 到时候若遇到生面孔，请主动给他们礼让电梯。
- 如果他们需要什么帮助，请积极主动地提供。
- 公司停车场的1~20号车位，在那个时间段请大家记得留出给股东，不要占用。
- 公司门口当天早上会打出横幅，欢迎股东的到来。
- 在一楼门厅，总务部会安排礼仪小姐专门迎接股东。请各位同事协助维护公司形象。

短评：这件事如果负责人（知情者）鲍莲裳不及时地跟大家联络，大家就不知道。到了那天，如果哪位同事不注意做出了不恰当的举动，岂不是给一年才来一次的股东留下坏印象？如果传播出去，会影响自己公司的形象；若被媒体捕捉到再报道出去，万一影响了公司的股价，那就更严重了。

此时的联络不能泛泛地一带而过：仅一句“请大家注意维护公司形象”是不够的，要具体到电梯、停车位等细节才行。

周一联络了，不等于大家都记住了。周三早上，公司门口打出横幅，一楼门厅有专人迎宾。这气氛一下子就提醒了来上班的员工，今天有重要客人来访！

联络是把相关的信息和有关人员共享，希望接收方也能和自己有一样的想法，达成共识。公司形象是靠大家维护的，体现在具体的行动中。每位员工的言谈举止都有可能提高公司形象，也有可能玷污甚至毁掉公司形象。

用联络改善人际关系

用联络拓展人脉

营销人员有很多业务是别人介绍的。当承蒙别人介绍时，一是要动作敏捷，二是要密切联络。

案例 No.65

老客户柯经理给鲍莲裳介绍了一个新客户。鲍莲裳马上给那个客户打电话联系。提及是柯经理介绍的，对方欣然答应了下周三的会面。放下电话，鲍莲裳马上联络柯经理，向他通报进展，表示感谢。

到了下周二，鲍莲裳又给柯经理打电话：“我明天要去见客户了，您有没有要代转的事？”

周三拜访了客户之后，向客户告辞出来，鲍莲裳马上拨通了柯经理的电话，向他通报了刚才的情况，再次表示感谢。

短评：面对鲍莲裳细致周到的联络，柯经理很满意，对她的好感度陡增：“没想到这个小姑娘很会办事，我只不过顺口介绍了一个朋友给她，你看她动作多迅速、礼节多周到啊！看来，此人可以深交。”

有的人朋友少，有的人朋友多。其实，朋友多的人也是通过老朋友结识新朋友的。认识新朋友很简单，见个面就认识了。但要交成朋友，那可要看认识以后怎么交往了，这时候联络技能就发挥大作用了。人与人之间越陌生越疏远，反之，越常见面越加深了解。勤联系、会联系的人就容易给对方以好感，随着交往加深了解，渐渐地解除了戒备心，就能建立起信赖关系。

有些人联络做得不好，思想观念上可能有问题：

- 嫌麻烦——虽然知道这时候该联络一下，却总是拖拉，一忙就错过了最佳时机；
- 还没有养成想着对方的习惯——当自己得到好处时，就忘了和有关人员分享喜悦、分享成果。

案例 No.66

每年 A 公司都在中秋节定制 3000 个月饼礼品盒。今年负责 A 公司的业务员鲍莲裳就此事已提前和厂长联络过：今年也和往常一样，A 公司还是要 3000 个月饼礼品盒！于是，厂长心里有数了。

签约后，鲍莲裳就给工厂下了正式订单。但这次不是惯例的农历 8 月 1 日交货，而是提前到了农历 7 月 25 日！鲍莲裳也没有特别注明或提醒一句。

厂长收到这张订单，因为心里有数就没仔细看，想当然地安排在了农历 8 月 1 日发货。

农历 7 月 24 日，当鲍莲裳打电话确认运输事宜时，厂长才发觉日期不对，根本还没有开工生产！

短评：是啊，日期变了，可是鲍莲裳已经明确地写在订单上了，没认真核对是厂长的疏漏，无法责怪鲍莲裳，谁让厂长接单时不好好看清楚呢！

可是，换一种角度思考。如果鲍莲裳下单时记得提醒一声，或在变更处画出红线，或口头讲一句，或短信联络一下的话，又会怎样？只要你在替他着想，你频繁地联络他，他是不会烦的，反而会感谢你。你没提醒，出事之后厂长埋怨你；提醒了，厂长会感谢你。

与身边的人联络一下，有时只需举手之劳就能起到提醒补漏的作用。当别人给你的联络帮助你避免了一次大错的时候，你心里会非常感激他！同理，你给别人的联络也会起到相同的作用、收到相同的效果！

联络还能起到防止对方想当然的作用。有时你跟对方联络时，对方表面上看似听懂了，但他可能误会了你的信息，这种情况下再次联络能起到确认的作用。

联络是和同事建立同伴关系或人际网络的高效手段。你的联络传达的是一份热情、一份关怀。密切的联络能使你的工作一下子变得顺畅起来。

越是令你害怕的对手，越要密切地和他联络

有的上级很严厉，有的同事很刻薄，有的客户很刁蛮，和这样的人沟通令人发愁，于是他们身边朋友不多。但别忘了“物以稀为贵”，正是这样的人才“奇货可居”。尽管他们有缺点，但肯定也有优点。只有少数能接近他们的人才能发现他们的优点，甚至利用他们的优点。因此，抱有积极人生观的人认为，这样的人更应该主动地多和他联络，这样做有以下两个好处。

- 你密切、主动地和他联络，可以向他发出一种信号：你很在乎他。
- 通过频繁的接触，你可以有更多机会观察、了解他，既可缓解你的害怕之感，又能探明他的模式、好恶、习惯等，渐渐摸索出和他交往的方法。

一旦你成为少数能和他交往的人，他身上的优点就可能为你提供帮助。

What：联络什么

传达类联络

案例 No.67

鲍莲裳在电话里向外出的科长汇报完工作，即将挂断电话时，科长说道：“我下周二有事，你通知大家一声，下周二下午的每周例会提前到周一下午同一时间召开，主要讨论 B 项目投标的事。”

接受了这样的指示，鲍莲裳放下电话就大声地跟在场的同事说：“各位注意啦，刚才科长让我通知大家，下周二的每周例会提前到周一下午同一时间召开。”

这就是传达类的联络：接受上级命令传达某条信息，让有关人员知道。

传达类联络的特点 1：应传达的对象一个也不能少

说完这一声就行了吗？就传达完了吗？

鲍莲裳发现在场的人中缺少小张和老李。打听了一下才知道，原来小张外出拜访客户去了，预计下午 5 点回来；而老李休病假了，预计下周一上班。怎么办？

刚才在电话里，科长可是给自己布置了任务啊！还有两个人没有得知这条信息，鲍莲裳的任务还没有彻底完成，必须传达到每个人才行！要马上给小张和老李打电话，通知他们，确认能否出席。

重点：一个也不能少！要想方设法把有关人员都通知到。

传达类联络的特点 2：应传达的内容、信息要全面

鲍莲裳说完那一句，马上就有同事问：“为什么提前了呀？”

鲍莲裳只好补充：“科长只说了他下周二有事。也许是不得已才提前一天的吧！”

马上又有人问：“这次每周例会的主要议题是什么呢？我们要做什么准备吗？”

鲍莲裳这才意识到刚才的联络里遗漏了科长指示的一项重要内容“主要讨

论 B 项目投标的事”。她只好向同事们道歉：“对不起，我刚才遗漏了，主要讨论……”

重点：传达与 6W3H 有关的内容。如果自己不清楚，应该在接受指示的时候问清楚。

随时复习

传达上级的命令是工作，要设法传达到每个人。

报联商铁则 42

传达类的联络要做到一个也不能少。

共享类联络

在工作中难免需要别人配合，要取得对方的协助，就需要双方针对一些事项达成共识，因此，有很多信息需要和别人共享。

案例 No.68

负责总务的鲍莲裳每到月底都要给公司补充一些文具。公司附近有一家百货店。鲍莲裳觉得那家百货店是全国知名的大商店，服务应该更专业些，于是每次都去那家百货店进货，不久就跟文具柜台的张主任熟悉了。

这个月底，鲍莲裳查清了库存，列了进货清单，又去找张主任了。张主任仔细看了那张清单，发现居然大部分商品缺货，于是表示：既然要进货，就等把货都备齐再过来一起取吧！鲍莲裳觉得只好这样，就先回去了。

第二天，鲍莲裳接到张主任的电话：“货备齐了，什么时候来取都行。”鲍莲裳看了看手头的工作，就答复现在去取。她心想：只是去取货，估计往返有 10 分钟就够了。

不料到了那家百货店，张主任刚刚被人叫走了，一位售货员对鲍莲裳说：“张姐没走远，一会儿就回来，你等会儿吧！”可是这一等就是 20 分钟！实在等不了啦，鲍莲裳只好请其他售货员去找自己的那些商品。好不容易找到了却没有打包，是散放在仓库里的，又找盒子包装。

等把那一批文具取回来，这么点事竟然耽搁了近 1 小时！鲍莲裳的上级正在焦急地找她呢，生气地说：“你干什么去了？这么半天找不到人影！”

鲍莲裳一肚子委屈，心想：外观看上去挺华丽的大百货店，原来员工内部的联络沟通水平竟然这么低！下次不去这里订货了，换一家！

短评：百货店的内部联络（共享联络）存在如下问题。

- 既然让客户来取货，就该把东西都打包好，让客户一到就能拿走。
- 如果还没打包好，那就不要忙于打电话叫客户来。
- 如果估计客户要来而自己又不得不离开的话，那就该跟自己的同事交代清楚：什么东西，放在哪儿，谁来取等。
- 被拜托的人更要问清楚 6W3H，否则难以办好被托付的事。

共享类联络的特点 1：意识到目的的联络

把自己知道的信息传递给对方都是有自己的目的的，否则谁也不会做费力不讨好的事。因此，这一类的联络就要意识到目的：希望让他做什么。

- 在案例 68 中，张主任离开前应该把有哪些东西、放在哪儿了、客户来了该怎么办等，都跟自己的同事交代清楚，以便于客户取走东西。
- 你代出门访客的同事接了电话，把记录留言条贴在他的桌子上，是为了告知他有人来过电话了。
- 把预约了下午 2 点来访的客人的公司名称和人名提前通知给自己公司的前台小姐，是为了做好迎接的准备。
- “我不知道你的年度计划该怎么写，只好把去年我做的计划发给你看”，是为了提供给你参考。

共享类联络的特点 2：共享的目的往往是请人协助、求人帮忙

案例 No.69

- 老张，我已准时到达客户公司大厅，你在哪里？（约定会合后共同去拜访客户）
- 消耗品×部件库存只剩 88 个，请报下季度的预计需求量，以便备货。
- 各位，我去四楼的市场部谈事，大约 1 小时，有事、有电话请到四楼找我。

- 小鲍，我带了很多资料上车了，D52 次列车已从上海开出，将于 11:20 到达南京车站，最好能派车来接我。
- 本人 8 月将整月去北京培训学习，其间有关业务请跟我的副手小鲍联系，她的手机号码是……

短评：工作中有很多事不可能自己单独完成，在很多场合需要寻求他人的配合或帮助。这时候需要把自己知道的有关信息与对方共享，目的是获得对方的理解，使其伸出援手。

当与别人共享信息时，要注意让对方看懂你发送这条信息的目的，否则别人即使收到了你的信息，也不知道你想要他做什么。例如，你给客户发了一条短信：我已上火车，下午 3 点准时到达南京车站。你的本意是：我带了很多资料，希望你能派车到车站来接我。可是你发出的短信没说明白你的目的，对方看了也不知道你的意图，就没派车来接你。这只能怪你自己信息发送得不妥当。

小贴士 No.6　该共享给大家的内容

1. 定性信息
   - 销售（生产）数字
   - 客户数量
   - 竞争产品的销售额
   - 市场占有率
   - 销售预测
   - 前景预测
   - 汇率变动预测
   - 会议记录
   - 业界动向
2. 非定性信息
   - 新材料

- 新技术
- 市场调查报告

练习题 No.12 该怎么办？

你若是委托方，在求人办事时，该跟人家交代清楚什么？重点是什么？你若是被委托方，别人来求你办事时，你又该确认什么呢？

随时复习

主动与别人共享信息，是为了请别人协助你，让别人和你信息同步，以便行为同步，自己获得方便。

报联商铁则 43

与别人共享信息时，要注意让对方明白你发送这条信息的目的。

安民类联络

案例 No.70

经过几轮艰苦的谈判，A 公司终于杀出重围战胜对手，拿到了鲍莲裳公司的订单，合同文本也已经敲定。A 公司的负责人老张非常高兴，很快就把他们盖好章的合同文本交给了鲍莲裳，希望能尽快签署交换，把这个项目落实。

已经过去一周了。鲍莲裳公司内部签合同盖章是有规定程序的。科长看过了，经理也批准了，就等法务部盖章了，但法务部长出去办事了，明天就回来。鲍莲裳心想：“反正也没问题，等明天盖好章再通知 A 公司吧！”

可是，A 公司老张的心里一直不踏实：都一周了，杳无音信。自己奋斗了几个月的成果别“煮熟的鸭子飞了”；不会是哪家竞争对手在暗地里使劲儿吧……时间过得真慢啊！

短评：替客户着想，不要让人家担心。只要不违背公司内部的规定，有能给客户带来方便的信息，不要让它停留在你这里。及时地联络一下，让客户放心。对于客户来讲，那可能是一条能“抵万金”的信息呢。

在你这里也许没什么作用的信息，但放到别人那里也许就是宝贝！可是，为什么我们往往忽视把信息及时地传递出去呢？因为平时没有这种意识！

多站在对方的立场上，多替他人着想，你的联络活动就会大有改观。若能做到让对方放心，周围的人就会渐渐地喜欢你了。

安民类联络的特点 1：多替他人着想，让对方安心

一条信息该不该传递给与其有关的人员，取决于对方是否希望知道这条信息！多站在对方的立场上替对方着想，那么这条信息你就知道该不该传递出去了。

安民类联络的特点 2：和对方保持密切的沟通

上级外出时若得不到下属的联络，多数会莫名地担心而引发乱想（一般都习惯往坏的方面去想）。因为下属所干的工作是上级工作的一部分，下属那里顺利与否，都与上级有关。

和出远门的孩子常回家看看、勤打电话就能让父母安心一样，做下属的只要增加和上级联络的频率，就能有效地防止上级担心你了。因为他能及时地、频繁地获得你的信息或知道你的状态，他就能放心。

业务员为了保住好不容易才开发的客户，会想方设法地努力和他保持良好关系，不断地见面会谈，增进了解。即使无法见面，也会使用电话、邮件等工具与对方保持联系。不勤联系，许久不见一面，就会生疏。

和上级的关系也一样。经过长时间的努力，你终于和自己的上级建立了良好的信赖关系：科长跟我铁得很！于是你就安心了，就会产生懈怠，反而会疏远。这就是“温水煮青蛙”的道理，要保持居安思危的紧张感，不要忘了勤和上级、同事、客户联络。

随时复习

估计对方在惦念了，就发个消息给他，哪怕只是告诉他现状，也能起到使其安心的作用。

报联商铁则 44

养成及时与相关人员共享信息的习惯，使信息对等。

预见类联络

案例 No.71

- 张先生，遵嘱给您寄去了我公司 G 商品的样品一瓶。请注意：开箱时最好戴橡胶手套操作，以免万一快递过程中包装破损，液体外泄的话，烧伤了您的皮肤。
- 小鲍，北京总公司研发部需要深圳市场上销售的 A 公司 B 型商品两件，请采购样品并尽快邮寄到北京。请注意妥善包装以免运送途中破碎。因为一旦有瑕疵，它就失去了样品的意义！
- 刘先生，给您邮寄了您要的资料，估计周四能到。您先看一下，我随后会给您打电话。
- 小鲍，我现在出门拜访客户，下午 5 点回来。中午之前有我的一份快递送来，劳驾把它签收后马上交给财务部的老李。那里面是一张机票行程单，月底了，财务等着结账呢。

短评： 自己岗位的业务熟练之后，就能预见一些事情的发展或走向。不仅自己知道，及时地告知相关方也是你的工作，对你自己也有好处！简单地送一句话给对方，对方会感到温暖。与人方便其实就是与己方便！

在案例 71 中，如果你这个责任人自己知道的信息忘记提前通知对方，后果可能就是烧伤了对方的手，或寄去了没用的样品，或收件方看不懂你寄去的资料，或耽误了财务结账。这时对方可能会埋怨你，怪你为什么不提前告知！

也许你会想：这种事是常识呀，大家都知道，用得着专门提醒吗？可能就是有人不知道！如果事情出了差错，最终倒霉的还是你。所以，你最好就当他不知道来处理吧！

总之，预见了就多说一句。工作细致些没坏处，替对方着想也是替自己办事！

随时复习

能预见的事情提前联络，安排下去，打声招呼，就能使工作顺畅许多。

报联商铁则 45

多发送一些预见类的信息，使对方方便。

礼节类联络

案例 No.72

客户甲：小鲍，我们的相关客户B公司看到你们的产品觉得不错，也有意和你们建立关系呢！

鲍莲裳：是吗？太感谢您的介绍了，能把他们的联络方式给我吗？

通过联系，过了几天，鲍莲裳顺利地登门拜访了B公司，和相关人员进行了良好的沟通。初次接触双方都感觉不错，尽管还谈不上发展成合作关系，但总算有了一个良好的开端。该感谢一下介绍人吧？什么时候好呢？等和B公司签了合约之后再感谢吗？

短评：对介绍人的感谢要在第一次接触后就实行。不论有没有进展、有无成果，都要跟介绍人联络一下，表示感谢。若拖到被人家问起时再说，那你可就被动了。

感谢和致礼也是联络

受到别人的关照和帮助后的感谢、致礼、问候，就是最基本的联络。

当你为对方考虑而给他提供了某种方便的时候，你往往会期待他的反馈。若对方没有察觉到而没有任何表示时，你心里会略感失望，甚至泛起小小的不满：“他忙得没顾上吧”“这家伙也太粗心了”“怎么这么迟钝啊”“怎么回事，好歹表示一下呀”……

是啊，你用心用力了，可对方没反应，你又不能当场说穿：“嘿，好歹道声谢吧！”这么做会让人觉得你小气。但是，你的良苦用心打了水漂，连声响都没听到，你心里多少会有些不满吧！

下面换位思考一下：当别人给了你关照时，当场就感谢人家，那再好不过了。可是当场察觉或没察觉，也因人的敏感度而异。如果过后察觉到了，至少也该补一声感谢才是。

人际沟通是细腻的，察觉到了却没有行动，你会失去一个获得对方好感的机会！

在现实生活中，我们很少听到道谢声，为什么呢？因为很多人以为自己的感谢做到位了，其实差得远呢！

越是不能干的人，嘴里的道谢声越少

为什么会这样呢？他认为“别人来帮忙是应该的”“做那件事是别人的义务”等，而不愿意感谢别人。越觉得自己做得很到位的人嘴里的道谢声越少，而可怕之处正在这里：你觉得自己做得很不错了，但别人都觉得你根本没做好，而你自己却丝毫不知！这难道不可怕吗？

请记住：你身边的人（父母、朋友、恋人、配偶、上级、师傅、徒弟、下属、客户等）谁都不是“该为你尽义务”的人。哪怕只受到了一点儿关照，也记得感谢人家一声。

在这儿顺便说一下，“对不起”这种话不适合用来致谢，它只适合用来道歉。表示感谢，应该说“谢谢”，而且要大声地说出来，让人家听到，不要小声嘀咕。

实技 No.15　及时的致谢不仅能传递信息，还能传达感情

- 对于初次见面的人，注意当天就给人家一个礼仪性的联络。这样，既能加深印象，还能获得好感。
- 对于初次结识的人，马上发个邮件。出于礼貌，对方得回信，于是就开通了邮件联络的渠道。
- 初次结识后尽快发条信息，给对方留下的印象最好。过几天再发信息就没意义了，还不如不发。
- 在生活中、工作中承蒙别人关照，只要感觉到了就马上道谢，别人会对你产生好感。
- 致谢，发一封亲笔书写的信件或明信片，比发一封邮件或发一条短信更容易给人以亲近感。

练习题 No.13　鲍莲裳出门谈业务回来了，下面的做法对吗？

1. 马上向上级汇报业务洽谈的情况。
2. 第二天上班后，给对方打一个电话表示感谢。
3. 立即给对方打一个电话，把刚才达成的共识、意向等再确认一下。

随时复习

把感谢和笑容挂在嘴边的人，人缘好，好办事。

报联商铁则 46

越能干的人，感谢的语言越多。

Who：跟谁联络

联络是把信息传递出去，让对方知晓，而该跟谁联络是由联络的性质决定的。

联络大致可以分为被动式联络和主动式联络两大类。

传达（被动式联络）——全员

受上级命令的传达式联络

案例 No.73

- 上级命令你通知本科室的全体人员：周二下午 2 点在 1 号会议室开会，讨论投标对策。
- 你代表自己的科室出席了总公司的某某会议，回来后有义务向本部门的人员传达会议内容。

短评： 此类联络的性质是执行上级的命令。联络的对象是上级指示的相关人员。联络的原则是一个人也不能少。

受人之托的转达式联络

- 代接的电话。
- 别人托你转告的话。
- 替别人捎带、递送的文件、物品。

案例 No.74

客　户：我是 A 公司的李茂林。劳驾，我找张庆祥张科长。

鲍莲裳：对不起，他不在座位上。

客　户：是吗？他什么时候回来？

鲍莲裳：我不知道，如果有急事，我马上跟他联系。

客　户：那么请你转告他，我跟他约好明天一起去看通信器材展，但公司突然让我明天出差，我去不了了，很抱歉。

短评： 此类联络的性质是受人之托。联络的对象是对方委托你联络的人，是特定的人员。

共享（主动式联络）——相关者

为自己方便（为了办事）

案例 No.75

- 我已出发，将按计划于上午10点到达南京南站，请安排接站。
- 我订的088号货发出了吗？请帮忙查一下，我们这里等着要用。
- 小鲍，昨天你给我看的那份资料，请尽快发到我的邮箱，我下午开会要用。
- 各位员工，工会组织代购春节返乡火车票，有意者请于本周五前到工会报名。
- 合同修改好后给你发过去了，请查收。

短评：此类联络的性质是你有求于人，需要别人为你办事或与你协作。联络的对象是与该内容有关的人。

给他人方便（搞活人际关系）

在当今社会，有一句名言：“垃圾是放错了位置的资源。”是的，严格来说，物质是大自然对人类的馈赠，没有什么是没用的。你不用的废报纸、旧书刊，放到造纸厂就是原料！

信息也具有同样的性质。

每个人在工作中、生活中、自己的岗位上，都会得到一些信息。这些信息对你也许有用、也许没用，但是你要知道也许某些信息对其他人就很有用，有时甚至很关键。

迄今为止，得到信息之后，如果是你觉得需要传递出去的，你肯定会与相关人员联络。可是，那些你觉得可联络也可不联络的信息，往往就不管它了，是不是？

其实，在团队里，这样的应对是信息资源的一种浪费！你觉得没用的东西，对需要这条信息的人而言，这条信息可能是很宝贵的！

案例 No.76

营销科有一名科长、八名外勤（每天都外出，跑业务），而鲍莲裳和小李是内勤（在办公室里负责接订单、调货，兼顾支援外勤）。

一天上午，鲍莲裳接到由外勤老张负责的 A 书店的订货电话：“这次进货的书《报联商》才几天就卖完了！现在我们要求把预定的下次进货日期从下周一提前到明天。而且，数量能否增加一倍？”看来，A 书店很高兴。

这可是个鼓舞人心的好消息，因为全公司很久没有找到这么畅销的商品了。

思考一下：鲍莲裳得到了这条信息，可以联络谁呢？

1．科长——喜悦；指标；相应的调度指挥；团队内共享；总结经验；向上汇报。

2．老张——喜悦；业绩；跟踪 A 书店的服务；举一反三的启发。

3．另一名内勤小李——工作的成就感。

4．科里其他外勤——可以马上向自己的客户推荐《报联商》这本书。

一般来讲，在没学习报联商技巧之前，大部分人最多做到这个程度，也算不错了吧？可是，这条信息是不是还会对某些人的工作有用呢？或者他们得知此事后也会高兴呢？

例如，这条信息会对以下这些人的工作有用。

a.《报联商》这本书的出版社——不仅高兴，还会分析其畅销的原因，对他们来讲这是很重要的市场反馈。

b.《报联商》的责任编辑——选题准确，打造了受读者欢迎的畅销书。

c.《报联商》的作者——对后续创作能起到参考作用。

d．采购部的人——采购这本书的决策是对的，需要马上考虑与该书的出版社交涉进货、价格等。

e. 运输队的人——近期这本书的出版社方向的用车量可能增加，车管调度需心中有数，早做准备。

f. 仓库的库管——有可能近期会大量购进这本书，让他们心里有数，预先准备好存储堆放的位置。

另外，得知此事也会高兴的人如下。

A．公司各科室——好久没有什么好消息了，同大家分享喜悦。

B．科长的上级——上级的上级也会高兴的。

为协助科长应对上级的提问，需预先准备好相关数据、资料。

比如，经调查得知：

- 该书自2016年出版以来，已经连续加印了15次！
- 尤其在2019年，几乎每个月都在加印！
- 该书已有第二册于2018年出版。
- 据了解，该书第三册将于2022年年初出版面市，等等。

注意：下属可以预先准备好这些资料，但是具体的联络方法还是需要讲究技巧的，不能冒冒失失地自己想到了就去做。例如，通知上述1~4，是不是该请示科长之后再执行？又例如，通知上述a~f和A、B，是不是该请科长亲自落实？

不要在不知不觉中让信息停留在自己这里，或把它浪费掉。传递出去，传递给你觉得该给的人，让他也知道，与他共享。这样做，你就会成为受大家欢迎的人。“还是人家小鲍惦记着我啊！”“你看，她想得多周到啊！”别人会这样想并对你产生好感。

人脉、人缘、人情就在这种细枝末节的行为上一点一滴地积累起来了。

随时复习

一条信息在手，多想想它对谁有用。凡是你觉得听了会高兴的人，不妨就传递给他。

报联商铁则47

详细及时的信息传递，能为自己的后续工作铺平道路、减少阻力。

如何判断谁是需要联络的人

“把信息传递给需要这条信息的人”，话是这么说，可谁是需要的人呢？该怎么判断？这里有两个指导思想。

1．站在对方的立场上思考。

2．凡事多替对方着想。

第一个指导思想：站在对方的立场上思考

案例 No.77

某综合公园内设的游乐场决定下个月第一个周三暂停运营，全面检修过山车等大型游乐设施。接受命令的检修组长立即通知了公园门口的售票处，告诉他们那天暂停销售游乐设施的票，只售门票。

到了检修设施的那天早上，检修组开始停电检修，却有不少客人手持当日的游乐票前来，原来他们是在网上订的票！检修组长忘了通知网站的代理商，那边完全不知道游乐设施要检修的事，仍然在卖预售票、团购票！

短评：检验你的联络对象是不是正确的最好方法是换位思考：站在对方的立场上，反向推演。

当你得到一条信息时，该跟谁联络呢？应该把这条信息告诉谁才合适呢？这时的思维方法就是“反向验证法”——把自己放到对方的立场上去想事情。

看看你手里这条信息的性质和内容，思考一下可以和谁联络，即如果我是对方，会如何看待这条信息？（很及时、渴求、喜悦、无所谓、烦死啦……）

联络的内容不是你想说的内容，也不是你感兴趣的内容，而应该是对方愿意听的、感兴趣的内容。也就是说，联络首先要为对方考虑，其次才是为自己考虑。

主动联络前问问自己：

- 这条消息对谁有用？
- 谁知道了这条消息会高兴（会感兴趣）？
- 这条消息是他需要的吗？
- 我这个时候通知他合适吗？

- 用这种方法通知他是最好的吗？
- 他接到这条消息后，要是向我提××问题，我该怎么应对？

这样“站在对方的立场上思考”，你就知道该跟谁联络了。

第二个指导思想：凡事多替对方着想

根据对方的需求判断是否该跟他联络。

我们正处在信息时代，借助日益方便的联络工具，各种信息如洪水般涌来。人的精力有限，不可能全部应对这些信息。那么，如何甄别哪条信息有用，又如何判断哪条信息重要呢？

还是那个原则：凡事多替对方着想。

这条信息传递给甲，他嫌你烦人，那就别去自讨没趣。传递给乙，他无所谓，那就别去打扰。传递给丙，他挺高兴，那就给他。传递给丁，他会感谢你，那就赶快传递给他。

例如，如今大家都在使用微信，你的“朋友圈”里每天都会收到朋友们上传的大量内容，你会不时翻看、浏览一下，有自己觉得好的就动动手指把它转发一下，是吧？那么你有没有想过，哪个内容对自己哪个特定的朋友有用，该专门发给他呢？

实技 No.16　把实用的内容转发给朋友

- 把励志的内容转发给青年朋友。
- 把营销类的内容转发给从事营销业务的朋友。
- 把教育孩子成长的内容转发给有幼年子女的朋友。
- 把健康类的内容转发给老年朋友。

短评：如果你只是泛泛地转发内容到“朋友圈”的话，谁都能看到，谁也感觉不到你的情意。把某个内容专门发给某人，他收到后觉得有用会收藏，同时会关注是谁发来的。看到是你的时候，他心里会涌出“他在关心我”“他又在关心我”“他总是很关心我”的想法，这就是在积累身边的人对你的“好感度”。

上班乘坐地铁的途中，多看看微信，把你看到的好的内容动动手指转发给需要的人吧！晚上少看会儿电视，闭目静思一下，今天了解到的哪条信息对谁有用，发条信息告诉他吧！这样，你会积累自己在别人心中的“好感度”。

小贴士 No.7　好感度有什么用

- 上级对你有了好感——出了差错时，他会“罩着你”。
- 同事对你有了好感——有难处去求他时，他会“伸手帮你”。
- 客户对你有了好感——有事求他时，他会替你“担待一二”。

练习题 No.14　该怎么办？

从晨会上得知的信息虽然与自己无关，但是不是与他人有关？我该如何利用它呢？

When：什么时候需要联络

应该和有关人员联络的时机，大致可以分为表 4-1 中所示的五种。

表 4-1　联络的相关信息

类　型	时　机	目　的	对收信方的效果	实行的现状
定时	固定的时间	信息共享	增加判断的材料	有的团队能做到，个人很少做
随时	事情发生时	让对方知情	做到心中有数	视个体而异，实行得参差不齐
有变化时	发生变化时	通知对方应变	提前采取对策	因涉及自己利益，基本能执行
一切正常时	进展到那个时点时	让对方放心	安心，放心	完全被忽略，需普及此意识
你觉得有必要时	对收信方有用时	储存好感度	感谢，增加好感	有此意识的人很少

定时联络——信息共享

有的管理者在实践中意识到团队里有些信息需要和他人共享，于是指定专人负责，在固定的时间发布一些信息，或定时召开例会，同大家共享。

案例 No.78

- 总务后勤部门，定期在公司门口的公告栏上发布一些通知。
- 技术研发部门，定期发布一些技术、研发方面的信息，做成文件在公司内部员工中传阅。
- 售后服务部门，定期发布在处理投诉时总结出来的因操作失误或因客户保养不当引发的故障等技术方面的经验教训，提供给店面营销、客户经营、安装维修等岗位的员工共享。
- 在公司的集体晨会上，规定每周一为各部门发布需要让大家共知的信息的时间。

短评：定时发布的信息能让收信者及时知道与自己有关的信息，根据自己的情况各取所需，判断是否有参考价值。

这种类型联络的特点是信息如期而来。例如，美国白宫的新闻发布会；各国外交部的新闻发布会；中国每年春季“两会”后的总理与媒体的见面会……身处这种环境中的人会有一种安全感，与己有关的信息会准时来，不必担心。这种定期发布式的联络，主要体现在公司或部门这样的团队里，个人则很少使用。

那么，团队里的定期联络怎样才能做好，让信息共享发挥它应有的效用呢？这取决于团队的管理者。管理者（总经理也好，部门经理也好，甚至小组长也一样）所处的位置决定了他有权在自己管辖的领域制定各种规则（团队的操作、运行规则），就看他有没有这种意识了。

除了紧急情况一事一议，团队可以规定一个专门的例会时间。这时人员都来了，信息交换量也大，大家也好集中思考，各方面的关系也容易厘清、判断。这样做可以减轻下属费尽心思寻找上级空隙时间的负担，每个人都可以安心地利用定期例会的机会向大家传递自己这里的信息。

但需要注意的是，例会时间不宜太长，应注意把例会开得简洁，与会者各自发布信息后即可散会。不要在例会上对某个案展开深入讨论，耽误与此无关人员的时间。个案应该散会后采用双边商谈或有关人员多边商谈的方式来解决。否则，每次例会都为个案讨论而拖拖拉拉的话，会导致其他与会者的厌恶和抵制，或借故缺席，或心不在焉，影响效率。

另外，上级在给下属布置任务时应直接规定多少天汇报一次，这也是定期联络的形式。

随时复习

部门、团队里规定一些定时的信息交换形式，可以减少员工寻找沟通时机的困惑。

报联商铁则 48

充分利用定期会议等定时类的联络来交换信息。

随时联络——让对方知情

在生活中，我们往往记得随时通报自己的状态，如在微信“朋友圈”发布自己的信息（餐饮聚会、旅游度假、演出现场等），实时报道，让朋友们知道。可是在工作中，你出差几天，就没什么事需要通告一声吗?

有人说，都是些小事啊！再者，如果公司有事找我，直接打电话就行，很方便啊！

是啊，出差回来汇总后再向上级汇报也是可以的。可是，身居调度岗位的上级，有些事情早些知道就可以做到“尽早心中有数”。因此，你的第一时间联络、尽早联络和早期通报，对于上级来讲就很可贵了。这一点在你当了领导、有了下属时会体会得更深一些。

实技 No.17 保持联络，避免遗漏

我每天晚上临睡前最后一件事是躺在床上“刷”微信，但不是看“朋友圈”的内容，而是对“通讯录”从头开始“扫荡”，看着一个个的人名，脑子里思考：“现在跟这个人有什么要说的吗？”

如果有，就写几句，但不发（深夜发消息会打搅对方休息）。于是，写好的内容就会以红色字体保存，对方微信号会被置于好友通信记录的顶端。

然后，继续“扫荡”下去。如此操作，直到把排在前面的若干人“扫荡”一遍后，就会有若干人被“红字置顶”——最近有过联络的人，在微信里是显示在前面的。

第二天早晨起床后，边刷牙边发出某几个人的信息。早饭后，或去上班的路上，根据时间的早晚（在对方合适的时间）把另外几个人的信息发出去（此时可对文字再审核一下，或稍做修改）。

这样操作，既可避免遗漏，又能争取主动——不等对方来问，就抢先发消息了。

我的这种做法，让需要和我沟通的人无不交口称赞：“跟古贺老师交往真轻松，刚想问你呢，你就联络过来了。”

随时复习

随时和有关方保持密切的联系，交换信息，大家都会感到方便。

报联商铁则 49

有事没事勤联系，没坏处。

有变化时联络——通知对方应变

案例 No.79

- 我已在机场。刚刚听到广播通知，我这班飞机晚点 3 小时。看来到你那儿会很晚，约好的会谈改在明天上午 9 点，可以吗？
- 刚刚接到船运公司通知，我们订的那班船收货截止时间提前半天，即明天中午 12 点。我们的那批货能否再加快点，赶在明天中午以前运抵港口？
- 各位，三科科长因故到下午 2 点才能出席会议，经理临时决定下午 1 点的会议顺延到 2 点召开，其余不变，请各位相互告知。
- 科长，我正在上班的途中。地铁 8 号线前边出事故了，乘客都被通知下车改乘巴士，估计我今天会迟到大约半小时。

短评：工作不可能一帆风顺，总会发生一些意外或出现一些变化。这时的信息变化由于和自己的利益有关，我们一般都会记得马上和相关人员联络，希望对方应对。

事情有变化时的联络，能起到信息共享的作用。对方拥有和你相同的信息，就能理解你的现状，易于接受你的要求，协助你做出调整。

一切正常时联络——让对方放心

案例 No.80

在授课实践中，我经常组织学员讨论什么时候需要联络。结果，各小组的讨论结果往往是：工作岗位变化时；准备休假前；会议延期等。也就是说，人们习惯于在事情发生变化的时候通知有关人员。

是的，发生变化时通知一下有关人员的确是有必要的。但是，我想提醒大家特别注意的是，在一切顺利地按预期进展的时候，是不是也应当通知一下有关人员，令其放心才好呢？

- 高速列车准时开出后，马上给准备接站的司机发条短信：××次动车准时从××车站发车。
- 出差时飞机顺利着陆后，马上给自己的上级发条短信：我已顺利抵达广州，即将开始工作。
- 给客户打个电话：××号合同的货物刚刚发车了，是三辆集装卡车，预计 3 天后到达你那里。

短评：你知道一切顺利，但不告诉对方的话，他就不知道呀！

我们脑子里要树立这种意识，绷紧这根弦：记得通知有关方，不要让对方惦念，要让对方安心。这对职场中的上级或同事、客户将大有裨益，这一做法非常值得提倡。其实仔细想想，如果别人也能这么主动地和你联络，告知一些你关心的信息的话，你是什么心情？会不会心中有数而心生谢意？反之，尽管你这里顺利，却没能及时地告知对方，对方会不会担心、挂念呢？有时候还得专门打电话找你询问、确认才会放心。哪种做法更方便工作？更能给对方留下好印象？

遗憾的是，这种观念在社会实践中还很薄弱，很少有人实行。因此，我们需要对这种观念普及推广，让人们树立这种意识。

你觉得有必要时联络——储存好感度

什么样的联络才会让对方高兴

案例 No.81

- 小刘即将拜访那位客户了，那么我把知道的关于那位客户的一些情况告诉他，会有作用吧？
- 原来这项工作这里是重点，这儿疏忽的话就容易出错啊！那么，把这些告诉小鲍，让她提早防范。
- 客户给我寄来的这件样品，我拿给小罗看，他也会受到启发的。
- 这款软件还有这种功能，真是太方便了！对了，那天看到小李也在使用这款软件，赶快告诉他！
- 客人跟我说“你们那个小鲍，电话里听上去总是那么精神饱满的”，这个消息该告诉小鲍吧！
- 给客户做的项目说明获得了一致好评，客户说 PPT 做得好。该去感谢帮助我做 PPT 的小赵。

短评：别光顾着自己高兴，把自己感受到的、了解到的、吃亏以后的经验教训等，都和别人分享吧！

你觉得对对方有用，就记得分享给他。能让对方鼓起干劲儿的信息也该传递给他。大家都一样，喜欢得到别人的认可、感谢和赞赏。那么，你若收到外部人员的感谢、赞赏类的信息，别只顾着沾沾自喜，想想其中还有谁的辛苦、谁的协助，快和他分享吧！

不必顾虑分享信息没有反馈

我们把信息分享给对方（同事、亲朋好友等）是在给对方提供参考、提供方便。

在如今的信息社会里，各种信息如洪水般涌来，谁能全面接受？只能各取所需，但这也需要时间去筛选！你在浩如烟海的信息海洋里帮他筛选出与他有关的信息，主动分享给他，不是在帮助他节省时间吗？

他也许回复了感谢、收到等文字，也许什么也没有回复。但是，我们大可不必计较，只管继续分享就是了，这就是在积累好感度。

对方的联络要尽快回复

当收到别人的联络时，应该尽快回复。如果没有需要回复的内容，至少也回复一声“收到”，以免对方挂念。或者手头太忙来不及马上回复的话，也可以先回复一声“收到”。这既是礼节，也是技巧，就像打乒乓球，有来必有回，才能成局。

你给别人寄出礼品之后，若迟迟没有音信，你心中是否会惦记，会有些许不安？没收到吗？不喜欢吗？可是你又不好意思去问！由此可知，你收到对方的联络之后，要站在对方的立场上考虑，虽然人家什么也没说，但不等于人家没等你回复。这时候，你应尽快给人家回复，哪怕只是“收到”两个字呢。

本节所提倡的“积累好感度”式的联络，看似可有可无，在实践中大部分人没有使用，社会也在正常运转，并没有因为这一类联络的缺位而停顿或出现太大的问题。但正是因为大部分人都不这么做，只有少数人不厌其烦地去做，才会收到奇效。

既然你明白了这个道理，难道还不动心、还不动手吗？

随时复习

收到别人的联络要及时回复，哪怕一时没有进展、没有结果，也先回复一声“收到”。

报联商铁则 50

不必介意对方有没有回复，只要你觉得对他有用的信息，就去传递。

Where：联络的重点在哪里

联络的目的是把信息传递给对方，让他和自己共享该信息，站在同样的信息高度，达成共识。那么信息是否能准确地传递就很重要，因为你传递的如果是过期的、不准确的、扭曲的或者容易让对方误解的信息的话，将失去联络的意义，甚至令效果适得其反！

迅速、及时地联络

当时不联络，过后就没意义了

案例 No.82

鲍莲裳：罗科长，上周以邮件发给你的培训资料收到了吧？明天就要用了，教材做好了吗？

罗科长：收到了，谢谢你。一共 9 份资料，我按照你发过来的顺序打印出来、装订好，已经制成教材了。每册 45 页，印了 32 份，可以吧？明天培训用来得及，放心吧！

鲍莲裳：每册 45 页？最后一页是课后小测试的标准答案，只提供给你们人事干部，是供你们参考的！你这 32 份都装订了这页答案吗？那还怎么考试呀？答案都发给学生了！

罗科长：啊?！是吗？你怎么不早说！资料发过来也没有使用说明，就告诉我们自己打印制作！

短评：课后的测试答案，在发送的电子版文件里也有一份，是给组织这次培训的人事干部参考用的。资料发送的时候如果附有使用说明，就可避免这样的事情发生。

信息的送达如果不及时就会失效。该送的时候就早送，不要错过良机。不要以为别人也跟你一样都懂，“想当然”是不行的。该说的就得说，你不说别人可能就真的不知道！

错过最佳时机，效果会打折扣

案例 No.83

老客户 A 公司的 B 科长给鲍莲裳介绍了鲍莲裳最近新开拓的客户公司的 C 部长，于是鲍莲裳再去拜访的时候，由于有事前介绍，会谈进行得很顺利。鲍莲裳回来向自己的科长汇报，科长指示她赶紧写封邮件感谢一下 B 科长。鲍莲裳不善写作，再加上事情多，心想：先忙过这阵子吧，明天再说……

这一拖，就拖了三天。

第四天，B 科长打电话找鲍莲裳谈别的事，顺便问起：我给你介绍的那个公司的 C 部长那里进展怎么样啊？被人家问到，鲍莲裳感到很被动，赶紧致谢。

短评：受到人家关照时的致谢，关键是要及时！尤其当别人帮了你大忙时，更要好好感谢人家。应该找个时间亲自手写一封感谢信，这样郑重些。如果错过了最佳时机，再表示感谢效果就会大打折扣。

致谢类的联络不要过于计较方式，最好当天就做。如果时间已经是夜里，不方便了，那一定不要错过第二天致谢。越拖越被动，到了不便再提此事的时候只能作罢。这样，不仅失礼，还欠下一份人情。

有些联络是有保鲜期、时效的，过了那个时机再联络就没那个效果了，下面的联络更要及时。

- 报平安类　（我已平安抵达）。
- 致谢类　　（谢谢昨晚的招待）。
- 通报现状　（我将准时到达）。
- 问候类　　（恢复得可好）。

电话致谢比冷冰冰的文字有人情味。说话的语音、语调都能让人家直接感受到你的谢意。若当时对方不在的话，对接电话的人说一声“我对某某表达谢意，请代为转达”就能把谢意传到。如果觉得光打电话还不够的话，就约个时间登门致谢吧！

邮件致谢最好当天晚上发出，第二天一早就让对方看到。

和汇报不一样，致谢类的联络不是义务，纯属友好行为，但正因为可做可不做，往往被往后拖，一直拖到忘了或者过了保鲜期而没意义了。而能干的人又怎样呢？他们也忙，但是他们再忙也会在保鲜期内把谢意送出去，所以能干的人一般人缘都好。

随时复习

很多信息是有时效的，传递晚了就会失去意义或大打折扣，所以要及时传递。

报联商铁则 51

联络五要素：联络要及时。

准确无误地联络

案例 No.84

早晨的交班会上，夜班的张组长跟早班的组长鲍莲裳交接工作。

张组长：小鲍，昨晚这个夜班，产品的次品率比以往多了2%，好像是受突然降温的影响。

鲍莲裳：是啊，突然降温，我都穿上防寒服了呢。几点开始降温的？

张组长：半夜3点左右吧！

接班后，鲍莲裳把设备参数做了调整，以适应低气温。可是开机后发现次品还是频频出现！

短评：夜班组长一句“好像是”的信息表述，收信方的鲍莲裳未经确认就相信无疑，导致采取的措施由于和事实不符未能奏效。

发信方发出的信息要准确，要把事实和自己的推测、想法相区分。收信方更不能囫囵吞枣，要确认接到的信息是否正确，是事实还是对方的推测，不要急于行动！

案例 No.85

一家咨询公司每逢周一下午都开学习班，对自己的会员公司进行员工专题培训。但每次都会有一两家会员公司当天无法派人来听课。于是，咨询公司第二天就会给他们寄去那天讲座的录像光盘，让他们自己学习，这就是会员的 VIP 待遇。

一个周五，咨询公司的鲍莲裳跑来向上级汇报：“坏了坏了！出事了！客户投诉了！”上级吓了一跳，问她怎么回事，原来是给 A 公司寄出的光盘 4 天了 A 公司还没收到。刚才 A 公司打电话来问，鲍莲裳说：我周二就快递寄出了啊！客户却说：你寄归你寄，我这里没收到就是没收到！

上级只好亲自打电话询问，结果对方反倒诧异了：“我没投诉啊！刚才我只是说我没有收到而已，也许小鲍误解了吧？”

短评：发信方要把事实厘清再去联络，否则传递的信息是虚假的，就会误导别人。而收信方更要冷静分析：哪个是事实（快递没收到），哪个是臆测（坏了，客户投诉了）。

在工作中要渐渐培养自己的确认习惯，才能弄清事情的真相！

随时复习

传递给别人的信息一定要准确，不要道听途说、以讹传讹，造成不必要的误解。

报联商铁则 52

联络五要素：信息要准确。

不遗漏人员地联络

怎样才能做到一个也不少呢？

负责联络的人，手段应该多样化

- 每当有变化时，第一个联络的应该是自己的上级。这也是为什么“报”

做好了，“联”和“商”都能做好的原因。我们脑子里树立了有变化先“汇报”的意识，那就不可能遗漏自己的上级了。

- 当和复数的人员联络时，为了不遗漏人员，应该开列清单。每通知到一人就划掉一人，以确保无误。
- 群发邮件可以短时间通知多人。通知上级也可以使用邮件，在措辞、口吻上多下功夫就行了。
- 对发出的邮件设置“阅读收条”，这可以帮助你确认谁没有阅读邮件，以便电话通知。
- 就在身边也好，打电话过去没找到人也好，马上用笔记下他的名字，提醒自己别遗漏。
- 距离规定的时间越来越近的时候，给还没阅读邮件的人打电话，直接通知。
- 对打电话找不到的人，拜托他的同事（此时要记下此人的名字，以便过后找他确认结果）转告。

个人公开自己的去向信息，给联络提供方便

- 到公司其他部门去，离席时跟旁边的同事打声招呼，告知自己的去向和大致的回来时间。
- 外出时在白板上写好自己外出的日程，如 10 点拜访 A 客户，14 点拜访 B 公司，16 点归来。
- 约定时间联络。外出时跟公司约好固定的联络时间，如下午 1 点必须跟公司联系一次。
- 在外地出差时，出行前制定日程表，开列每天去哪儿、住处等。每天给公司提交业务日报。

这样，一方面负责联络的人注意缜密细致的工作，另一方面团队内的员工主动公开自己的行踪、联系方式，就可以避免联络遗漏的事发生了。

随时复习

采用有效的手段，确保该联络的人员一个也不遗漏。

报联商铁则 53

联络五要素：不要遗漏人员。

不遗漏内容地联络

案例 No.86

鲍莲裳：（接听电话）你好，畅通公司。

客　户：你好，我是唐山钢铁公司的李茂林。你们刚发来的这份订单里，这批钢材的尺寸有点不对呀，角钢的长度写的是 6 米，我们的标准尺寸是 5 米，是不是打错字了？

鲍莲裳：请稍等，这里是人事部，我给你转到负责钢材的业务部去。

客　户：啊，是吗？对不起，我拨错分机号了，劳驾。

鲍莲裳：（接通业务部）老马吗？我是人事部的鲍莲裳，有找你们的电话，我给你转过去啊！

短评：这个电话转了吗？转了。但是，不觉得缺点什么吗？

试想一下，这样接起电话的业务部老马，完全不知道对方是谁、有什么事，只好又问，于是电话那端的客户只好再说一遍！一边说一边在心里埋怨：刚才那个接电话的小姑娘怎么接转电话也不说清楚内容！

有人说，我又不懂业务，别再传错话了！不要紧，听到的内容就应该全部转出去，不能遗漏，不能截留。怎样才能避免传错话呢？记录呀！和本书前面讲过的“接受指示”的技巧一样，接听电话也是要记录的。假如这个电话是上级给你布置任务呢？所以养成习惯，接听电话时记录 6W3H 的要素。如果不清楚可以确认：“对不起，这里是人事部，我会把您的电话转给业务部，不过请让我确认一下，您是……您想要确认……是吧？”这样不就可以了吗？

鲍莲裳应该怎样接转这个电话呢？

案例 No.87

鲍莲裳：（接通业务部）老马，我是人事部的小鲍。有个找你们的电话打到我这儿来了。是个钢铁公司姓李的先生，说什么角钢的尺寸 5 米、6 米的，我也不懂，给你转过去，你接一下？

接到这样的电话，老马自然心知肚明是哪件事，马上翻阅、核对相关单据，之后才接通对方。

老　马：你好，我是业务部的老马。李茂林吗？哎呀，不好意思。我查了，是我们打错了数字，对不起，我马上改了重新给你发过去。

短评：这样的内部信息传递，接收信息的人能马上进入角色，迅速应对。这样不仅节省了时间、提高了效率，还会给外部客人留下“这家公司内部的沟通效率真高”的好印象。

随时复习

接收了多少就传递出去多少，不要让信息量在你这里衰减，更不要隐藏信息。

报联商铁则 54

联络五要素：不要遗漏内容。

不扭曲内容地联络

案例 No.88

老张外出时，鲍莲裳替他接了一个电话，是研发部刘经理打来的。听说老张不在，刘经理就让鲍莲裳转告老张“明天上午9:50在月阳路500号碰面”。

“岳阳路？”鲍莲裳去过，那一带都是写字楼。于是她写了张字条“研发部刘经理来电话约您明天上午9:50在岳阳路500号碰面”，贴在老张的办公桌上。老张回来看到后，就把纸条放进口袋里了。

第二天上午，老张准时来到岳阳路，但那里根本没有500号！给刘经理打电话确认，才知道是“月阳路”，立即赶过去也得1小时！

刘经理和老张都气坏了：“这个小鲍，办事不认真，真耽误事！”

短评：承上传下的信息传递，不能在你这里发生扭曲。最好接收信息的时候认真确认，然后传递出去。

案例 No.89

前几年某电视台有一档综艺节目，游戏规则是：让台上的几个人分别排成纵队，第一个人之后一律用黑布蒙上双眼。主持人举牌给观众看，那上面写了一句话，让第一个人默读后向后耳语传递。逐次传到最后一个人时，十有八九与牌子上写的句子大相径庭，于是笑翻满场观众。这就是典型的信息传递中的以讹传讹。

短评：信息在传递的过程中，经历的转达层次越多，越容易失真。在传递过程中只要有一个人失误，甚至仅仅是疏忽，就有可能导致信息传递全部失败。

传递的人也不想让信息失真，但对于接受的内容不确认，就这么往下传的话，自己有可能就传递了被扭曲的信息。

上述案例中的游戏的确说明了这种扭曲。所以，当我们处于这种多层次信息传递链条上的某个环节时，一定要认真确认。这种确认不要依赖一种孤立的信息来源，最好多方式、多渠道地确认。如果无法多渠道旁证时，就必须向给你传递信息的人认真确认。

以上游戏还有一个核对程序：最后一个人写下自己听到的内容，交给发起人；然后找中间的某个人去核对谬误，再次写下自己听到的，交给发起人……这样，越往前核对，答案准确度越高，直到完全正确，就可以找出信息是在哪个人那里开始发生扭曲的。

当在沟通中发现信息可疑时，到信息发布的源头去确认是最直接、最可靠的。认真地确认之后再往下传递吧，有可能信息的扭曲就是在你这个环节发生的，你是要承担责任的！

随时复习

接收信息时要认真，发现不明处要确认，不能让信息在你这里发生扭曲。

报联商铁则 55

联络五要素：不要扭曲内容。

Which：用什么方式联络

联络的方式、手段有很多。应该根据联络的性质选择最合适的方式，才能收到良好的效果。联络的方式分类如表 4-2 所示。

表 4-2　联络的相关信息

方　向	性　质	目　的	最佳方式	注意事项
团队内	团队内的联络	信息共享	不拘形式、密切地	最频繁；周知类，特定对象类
出门在外	从外边跟公司联络	安民、取得支援	电话、短信、日报	看不见面孔的联络，注意确认
公司内	部门间的联络	协调工作	会议、谈话、文书	兄弟部门的协调，互敬互让
对外部	和客户、政府等的联络	信息共享	拜访、电话、邮件	注意礼节周到，替对方着想

团队内的联络

案例 No.90

周一的晨会上，当主持人问“谁还有联络事项”时：

- 总务部小鲍站出来：我有事。下个月 3 日，体检公司开体检车来咱们公司为全体员工进行每年的例行健康检查，希望大家预先调整自己的工作日程，尽量参加。详细实施细则，近日总务部会有通知发给各部门。请认真传阅，参照执行。
- 财务部老温站出来：我有事。公司制度规定，现金报销集中在周一上午。但近期有个别同事以种种理由不在这个时间段来报销现金，打乱了我们部门的正常工作秩序。希望今后各位能严格遵守公司制度。
- 市场部小康站出来：我有事。上周六，在大家的祝福中，我顺利地举行了婚礼。感谢前来的各位领导和同事，今后我将以肩负家庭责任的心态面对人生和工作，请大家继续支持和帮助我，谢谢大家。

短评：在每天的工作中，我们的联络绝大多数是面向自己团队内部同事的。很多信息需要及时和大家共享，让别人知道，他们才能跟你共进退。

在职场中，谁也不可能个人英雄式地完成任务，需要互相帮助。主动地把自己的信息多和别人沟通，等你遇到困难时，别人才知道你这里发生了什么事，考虑能否伸出援手。如果你总是独来独往，将导致你不知道别人的状况，别人也不知道你的事。当你遇到困难时无人帮你，皆因自己平日疏于联络。

团队内联络的特点之一是大家相互之间比较熟悉，可以不拘泥于形式，也可以省略客套，直奔主题。但还是要照顾对方的感受，不可过于唐突。尽管是自己的团队，但也存在上下级、新老员工、资历深浅、脾气秉性各异、男女有别等诸多因素。可以视自己与对方的亲密程度，与对方联络。

团队内部的联络面对的是同事，那里有可能是你的下一道工序。那么，你传递给他的信息是否详细、准确、可操作性如何，会直接影响到他接手这项工作后的操作，也会影响到同事之间、部门之间的关系。

案例 No.91

沙　僧：大师兄，师父又被妖怪抓走啦！

孙悟空：啊?！是什么妖怪?

沙　僧：我不知道。

孙悟空：抓到哪儿去了?

沙　僧：不知道呢，一股狂风师父就不见了。

孙悟空：妖怪往哪个方向去了?

沙　僧：狂风骤起，我也没看清！

孙悟空：可恨妖怪，把我师父抓去又要做什么?

沙　僧：这个，我哪里知道呀！

短评：一问三不知，就是个“耳报神”。这样的联络，倒是传达了信息，可是你提供的这种质量的信息，让下一道工序的同事（孙悟空）怎么操作? 简直无从着手！

团队内部的联络对象是同事。你向他通报信息的目的是向他寻求帮助，希望他能和你一起完成这项工作。可是，若你提供给他的信息不完整、不清晰、不准确的话，会给对方造成困扰，甚至让对方无从着手。

例如，上述案例中的孙悟空，从沙僧那里得不到有用的信息，无法继续下一步操作，只好先向当地的土地神打探一番：何方妖孽，藏身在什么地方等（6W3H），然后才和猪八戒打上门去解救师父。

因此，团队内部的信息联络，一定要注意把信息提供详尽，使后续的同事便于操作，这样就能避免很多同事间发生的误解和摩擦。

不要想当然地以为“都是同事，这些他应该知道，我就不必说了吧”。这很容易引起不必要的矛盾，因为对方未必知道。如果他真的不知道或知道的不详细，恰巧你又没说或没说清，就会给他的工作造成麻烦——人家会有意见：“你怎么不跟我说清呢？”“你怎么不早告诉我呢？”从而引发不必要的不愉快。

再者，你给他详尽地提供信息（在告知他之前尽量把事情弄清楚些，凡是你知道的都传递给他），那么，即使有些信息他知道，他也会觉得“你工作很细致哦”“你真替我着想哦”，而对你产生好感——这能规避很多同事间的不愉快。

随时复习

日常大量的联络活动发生在团队成员之间，密切的信息共享能协调大家的动作。

报联商铁则 56

团队内的联络要注意把信息提供得尽量详尽。

出门在外的联络

案例 No.92

周一，鲍莲裳奉命从北京总部到广州出差。

因为事情太多，鲍莲裳下了飞机就开始忙，每天都工作到很晚。转眼就到周四了，运气还不错，虽然很忙，但各项事情办得都挺顺利。

鲍莲裳猛然想起，正因为一切都顺利，没什么变故，所以直到现在都没顾得上跟公司联络。不行，得打个电话汇报一下。这时，负责配合她工作的广州分公司的小许来电话了。鲍莲裳一边接通电话一边想：“明天就回去了，等见面时再汇报吧！”

短评：在团队里，你的状态与许多人有着种种关系。在公司上班时，别人每天能见到你，自然知道你的状况。但当你离开团队外出时，别人见不到你，因业务关系也好，因私人关系也好，惦记、关怀总会有的。这时候，你及时地通报自己的状态，会使对方放心、安心、心中有数，也会给对方以方便，从而让对方喜欢你。

小贴士 No.8　怠于联络的原因

- 不懂得有人在关注自己。
- 不知道不联络会给别人添麻烦。
- 不懂得不联络会失去信赖。

怠于联络的人的想法

- 这是我自己的事，与他人无关。
- 多费事啊！
- 这事该不该联络？
- 何时联络才合适？

随时复习

团队的成员外出时要和上级保持密切的联系，让上级知道你的状态。

报联商铁则 57

外出办事时要让团队知道你的动态。

公司内的联络

案例 No.93

公司推出了一款新设备，研发部正在收集客户的使用反馈，以便不断改良。

一天，总务部的鲍莲裳在拜访一家客户时，对方工程部的小李跑来说："你们的那款新设备声音好像不对劲儿，去看看吧！"等大家到设备跟前去看时却没什么事。于是大家议论猜测，也许是刚才电压不稳定吧！

这事要不要通报研发部？鲍莲裳太忙，想了想事情不大，算了吧！

一个月后，这款设备出了问题，甚至伤及了客户的操作人员，发生了索赔事件。

上门处理事故时，研发部的李科长在现场听客户工程部的小李说：一个月前也发生过异常，当时你们公司有个姓鲍的小姐在这儿，她知道那件事，回去没跟你们说吗？

回到公司，李科长质问鲍莲裳：你早就知道了，为什么不跟我们说？

短评：在同一家公司，各个部门都是友邻单位。不论你在哪个岗位，得到了信息就多为别人着想，该联络的就尽快传递给同事。也许对你来讲不重要的信息，对于同事来讲就很宝贵。

实技 No.18　友邻部门的联络

- 对友邻部门有利的信息，提前打招呼，让对方心中有数：（与你们有关的）某方案获得上级批准啦！
- 对友邻部门不利的消息，要考虑方式、方法、时机，最好由本部门的领导去和友邻部门的领导沟通。
- 与友邻部门发生矛盾时，可到上游寻找双方的共同利益，协调各自的做法，为共同的目标取得共识。
- 和友邻部门的沟通，应该客气、真诚、坦荡；多沟通，多想办法，少争吵；各自谦让一点，力争双赢。

随时复习

和友邻部门的联络要顾大局，注意技巧，注意组织原则。

报联商铁则 58

和友邻部门的联络以诚恳为宗旨。

对外部的联络

案例 No.94

人事科分管培训事务的鲍莲裳策划了一项系列课程的内部培训，计划明年一二月分四次进行。但今年 7 月通知下去后，由于同事们都忙，到 10 月也没有多少人报名参加，这样可无法培训啊！再次努力，发邮件、贴公告地宣传了一下，还是不行。于是，鲍莲裳向上级汇报后，决定取消培训计划。11 月初，鲍莲裳通知了公司内部的全体员工，原定的这项培训计划取消！

本来培训取消这事应该先通知培训老师的，但鲍莲裳忙于通知内部同事，就忘了！到了 12 月初，培训老师打电话向鲍莲裳确认 1 月开始的系列培训该如何落实等细节，鲍莲裳才想起培训取消的事还没有通知培训老师！当得知培训被取消时，培训老师很生气：怎么拖到现在才告诉我？你们不是一个月前就决定取消了吗？为什么不早告诉我呢？这样一来我的日程全乱了呀！

短评：对外部的联络尤为重要！因为联络失误导致与外部的信赖关系受到损害，会比业务金额的损失还大，那是不能用金钱衡量的。

怎样才能把对外联络做好呢？

简单一句话就能概括：把人家的事放在心上。

其实，只要能增加联络的频度，不要久无音信，就能改善很多。

例如，即使还没得出结果，也记得多通报几次如今的进展。

- 您要的部件我们正在调货，还得两三天，拜托耐心等候。

- 你问我的事情我正在向领导请示，领导出差了，明天回来，请稍等。

另外，客户与上级不同，当需要和客户长时间协调沟通的时候，应该提前约好时间再去洽谈。

随时复习

外部人员与内部同事不同，联络不到位会影响关系，损害信誉。

报联商铁则 59

和外部的联络要注意扎实地联络到位。

根据情况选用合适的手段

不论是对内还是对外，联络时都要考虑采用哪种方式最合适。

- 一般的事、日常工作 —— 电话、邮件、传真、信函。
- 紧急的事、告知坏事 —— 电话、面谈。
- 重要的事、感谢、道歉 —— 面谈。

案例 No.95

科长率领大家奋战一个月，终于中标了，把 A 公司的这个大项目拿下了。合同文本双方已经敲定，本公司把合同盖章后交给对方已经 3 天了，还没有回音！科长很担心：竞争这么激烈，虽说中标了，但只要对方还没有回签合同，就有可能出现变故。越想越担心，自己又不好直接出面询问，于是指示鲍莲裳去问一下怎么回事。鲍莲裳接受指示后，马上给对方发了一封邮件询问。

短评：下属忠实地执行了上级的指示。可是，用这种方式联络这样的事，合适吗？

在如今的办公手段中，电子邮件应用得最普遍，白领大部分时间面对计算机，动动手指就把活儿干了。有时候上级就在旁边坐着，也习惯性地发邮件。怎么就不能当面沟通呢？

需要注意的是，电子邮件有一个致命的缺点，那就是对方没看到就等于你没发！

小贴士 No.9　导致邮件收不到的原因

- 人为原因——收件人病了；在开会；计算机没开机；邮件太大了；被误删除了；被退回来了……
- 设备原因——计算机坏了；电池没电了；系统瘫痪了；中病毒了；被屏蔽了……
- 环境原因——没信号；宽带欠费了；海底光缆被地震震断了；以太网被太阳光斑干扰了……

绝不能指望你发的邮件肯定能被对方看到。重要的事不能只发封邮件就算联络了。为了扎实地传递到位，要适当地辅以电话、面谈等手段去确认、落实。

案例 No.96

总公司需要样品，鲍莲裳从网上订了四件货。货到了办公室，鲍莲裳发现，商家把四件货放在一个旧纸盒子里封好，快递公司是用手推车送来的。盒子挺重，大约有 10 千克。鲍莲裳直接把快递运单贴在盒子外面，通知快递公司的业务员把盒子运走了。

两天后，总公司来电话说，样品收到了，但是都摔坏了，不能用了！

短评： 不能只顾自己方便，按自己的方式联络，要考虑联络的效果。

在上述案例里，鲍莲裳干活儿了吗？干了！可是站在总公司那边看，她干了吗？人家觉得她不仅没干，还把事情给耽误了！为什么呢？因为这一折腾，即使重来一遍，时间也有可能来不及了。

因此，我们在和对方联络时，要考虑用什么方法才能确保结果是能让对方满意的。

例如上述案例，鲍莲裳是个女生，搬不动 10 千克重的货物，能不能费点事把盒子拆开，把四件货物分装在四个小盒子里，再加上些缓冲材料，重新包装一下？实在不行，请几个男同事帮忙也可以。这样一来，稍微动动手不就能把事办好了吗？

案例 No.97

有一次，我在深圳宝安国际机场办好登机手续，来到登机口等候登机，这期间无意中听到旁边一个小姑娘在打电话。一开始我没注意，直到快半个小时了，她的语气急躁，声音也大起来，我才留意到，原来她在给北京的一家律师事务所打长途电话，内容是请律师事务所给她出具某个证明，要到公证处去办理公证，以便办理加拿大探亲的签证。

“我不是一开始就跟你说了吗？蔡××是我三姨，19××年出生，现在××岁了。康××是我三姨夫，19××年出生，康×是我表姐，比我大两个月，康×是我表弟……”

我看她挺着急的样子，脸上的气愤表情分明在说：我都说了这么半天了，你怎么还没听明白！

短评： 弄成这个样子，怪谁？你自己不选择合适的手段，为这件事打长途电话半个小时说不清，浪费了多少电话费啊！

比较复杂的亲属关系、出生年月、联系方式等关键信息，最好先写成短信发过去给对方参照，然后打电话说明，双方都会轻松很多。

这样做还有一个好处，就是自己在书写的过程中，一旦把想法落实成文字，就会字斟句酌，认真修改，直到准确、精练，自己满意时才会发出。这样一来，对方收到的信息就都是很实用的内容了，这其实对自己也有利，“与人方便，自己方便”嘛！

练习题 No.15　该怎么办？

在联络技术性较强或内容较复杂的事情时，怎样才能让对方准确地接收信息？直接给他打电话好吗？

随时复习

可供联络的手段多种多样，要根据对象和需要，灵活机动地选用合适的方式。

报联商铁则 60

联络的手段很多，不要过于依赖邮件、微信等。

How to：怎么联络

注意对方的状态，开始联络时不要唐突

案例 No.98

下周有一场新产品发布会，昨天科长指示鲍莲裳做一份现场说明的PPT。

今天上班后，鲍莲裳处理了一些杂事，好不容易静下心来，把昨天下午收集的资料打开，开始构思策划。她渐渐地进入角色，脑子里有了想法和大致框架。这时有人打电话过来：“喂，你这份材料后边附件里引用的几篇文章，都是谁写的？没有出处，也没有资料来源，我的领导要是问起来的话，我怎么回答啊？”

对方突如其来的一连串问话，劈头盖脸地砸过来。鲍莲裳还没从刚才的思考状态中回过神来，被弄得一头雾水！这是谁打来的电话啊？说的是哪件事啊？

短评：工作中难免要和别人联络，其手段以电话居多。打电话者有备而来，可接电话者是被动接受。如果不管对方状态如何，一上来就滔滔不绝地讲自己的，那么会给对方一种突如其来的感觉，对方甚至一下子反应不过来。这就是唐突、冒昧。

联络开始时别忘说一句客套话：“我是某某，关于某某事，和你沟通 5 分

钟可以吗？”这样让对方有一个准备，将思路切换到你要说的事情上来，对你自己也有好处。

让你的联络行为有一个良好的开始，会直接提升联络的效果。

如果需要一次和对方联络多项事情时，不妨事前列个清单，逐项一一联络，以免遗忘。

增加联络的频率

案例 No.99

有位客户上周日从鲍莲裳这里购买了一台笔记本电脑。周二，他就拿着新电脑来找鲍莲裳了，说这台电脑有问题，要求换一台新的。

开机看看，有些功能正常，但有几个功能的确不正常。鲍莲裳无法当场判断，最后商定把电脑留下，送到修理部门看看。客户说，这几天没有时间过来，得周末才有时间。鲍莲裳说，不要紧，我会和你保持密切联系的。

过后，经修理师傅判断，是客户自己操作不当，没安装杀毒软件就上网，导致电脑中了病毒，需要刷机恢复。为此，从周三到周五的三天里，鲍莲裳频繁地与客户沟通，一会儿做说明，一会儿征询他的维修意见，帮他把电脑里的文件拷贝出来保留，又帮他预装常用的软件，还给他安装了杀毒软件并做了几个相关的设置。

周六，客户来了，鲍莲裳细致地为他介绍上网防护，告诉他注意事项，又向他解说整个刷机过程，新装的杀毒软件及更改的几个设定。最后，客户满意地走了。

短评：密切地和对方保持联络，做到信息同步，能给对方以安心、满足、好感和信赖。

面对客人的投诉，如果你答应马上调查，之后却迟迟没有音信的话，对方会从不满到不信。越是面对不满的客人，越要增加联络的频率！不仅要最终给他解决问题，更要密切中间联络，通告进展状态，缓和他的情绪。做到用密切的联络先让他消气，再让他惊异，最后让他满足、满意，把坏事变成好事，在他这里给自己树立口碑！

让愤怒的客户满意其实并不难：我们把办理结果看作 100%，但不要等到有了结果才联络他。把这些信息分解成五批，每次 20%，分五次和他联络就能奏效。因为这种做法等于你把整个为他服务的过程分解并及时地展现给他看。站在他的角度看，就是对自己的事情的处理过程明明白白，好像自己也置身于处理过程中，亲自在参与处理，这样他怎能不放心？再者，你每次沟通都和和气气、彬彬有礼的话，他怎能不满意？

随时复习

化整为零，把通知对方事情的结果化作通知他各个步骤，就能让对方满意。

报联商铁则 61

面对对你不满的人，只要增加和他的联络频率，就能缓解他的不满情绪。

联络的表述要准确，不要造成对方的误解

在联络中，有时因场景、背景不同，你说出来和写出来的意思可能会被听者误解。在这里，我们来分析几个较常被人们使用的“含混表述”的案例，看看哪里不妥。

“没问题”

联络是为了和对方共享信息，以达成共识。因此，发信方要热心周到地把信息加工到对方能够看懂，不易被误解的地步之后再发出，才能达到目的。

案例 No.100

客户给鲍莲裳发来短信：小鲍，请你查一下 088 号货是不是已经发货了，如果发货了我就要汇款了。

鲍莲裳马上给对方回复：没问题。

短评：请问，这种回复人家看得懂吗？人家到底是汇款还是不汇款啊？

在跟对方联络时，有时自己的思路被封闭在一个狭窄的语境里，自己觉得这样回答就可以。然而，当你觉得可以时，想没想过对方是否能懂得你这种表述的含义？你的这种表述会不会让人家迷茫，或者被误解？你的回复应该设身处地地想想，该怎样表述才能让对方直接无误地明白你的意思。

对策：最好直接回答“知道了，我马上去查一下”或者“已经发货了”。别怕麻烦，不就是多打几个字吗？

“过会儿再联系”

案例 No.101

有时有这样的情况：你正忙得焦头烂额时，一个和你关系很近的人打电话找你，谈得又不是什么太急的事，于是你会回复他一句：“现在太忙了，过会儿再联系。”

上述案例中，这个“联系”由谁来联系谁？没表述清楚！

也许你的本意是：现在我忙，请你过会儿再打过来。但是对方可能理解为：你现在忙，顾不上他，等会儿你腾出手来就会给他打过去。于是，人家就死等你的电话！等得焦虑时会不满，甚至会演变成对你有意见，最后不信任你了！而你这边呢，也在等他的电话（误解就是这样产生的）。过了好久也没见对方再打过来，你就会想：怎么他还不打过来，看来不是什么大事。

对策：别按自己的理解行事，最好当场确认清楚！对打来电话的人不要省事，把话说全：“过会儿我给你打过去”“过会儿请你再打过来”；如果是对方让你“过会儿再联系”，那么你就该追问一句：“是你打过来，还是我再给你打过去？”

另外，“过会儿”是多长时间？

也许说话时，你心中的“过会儿”就是十几分钟、半小时、一二小时、今天以内……但对方不一定这么认为。他也可能会理解为二三小时、下午再说、明天再说……两人想不到一块儿去，怎能不耽误事？

而且，人们都容易对自己宽容，比如，“先吃着，饱饱口福，明天再减肥”等。但对别人往往很较真，比如，“这家伙说 2 点来，这都 2 点 10 分了还不见人影”等。

所以，既然答应了人家“过会儿再联系”就要守约——本来没打算说谎的，结果一忙就给忘了，在对方看来就成了你在说谎、骗人！这样的次数多了，人家对你的好感度肯定会降低。渐渐地人家有重要的事也就不敢找你了，新结识的朋友这样几次说了不算数，也就交不深了。

对策：别含糊，当场问清楚、确认，“请问几点再和你联系合适？”

“谢谢”

案例 No.102

有一次，我被一位文化界著名的教授请到家里去谈事情。

落座不久，他的太太端来一杯咖啡，说是从英国带回来的著名的××牌咖啡，专门拿来待客的。听了这番话，我端杯呷了一口，好苦！尽管味道很苦，出于礼节，我还是不动声色地把这杯咖啡喝完了。

这位太太看到杯子空了，就笑眯眯地过来问我要不要再续一杯。为了显示自己的文明风范，我不好意思明说不想要了（这一杯就够了），就欠了欠身，小声说：“谢谢！”

结果你猜怎么着？又端上来一杯！

短评：聪明反被聪明误，不想喝了就明说呀，否则倒霉的是自己！

沟通时要明确地表达自己的意思，以免别人误解，造成尴尬。

对策：直接说“谢谢，不必了”或“谢谢，可以了”。

“他走了”

案例 No.103

有一次，下午 5 点左右，我给一家公司打电话找老张，接电话的人回答：“他走了。”

看看表，已经是下午 5:20 了，我心想，老张可能下班回家了吧，于是就挂断了电话。

第二天早上 9 点，我又把电话打过去，还是找老张。

对方显然还是昨天接电话的那个人，语气有些不耐烦地说："不是跟你说他走了吗？"

短评：针对意思不清的表述，每个人都可能根据自己的理解来解读这条信息，而表述方的意思却只有一个。但是你不明说的话，你怎么就能肯定对方也跟你想的一样呢？

"走了"在听者看来，可以有多种解释：离席了；走开了；下班了；歇病假了；出差了；开会去了；被领导叫过去了；去封闭式学习班了；调到友邻部门了；辞职了……甚至可能是去世了！

对策：说话的人要尽量表述清晰，要让对方听得懂。在上述案例里，就应该直接说：他出差了。

"过两三天"

案例 No.104

旅行社的业务员鲍莲裳负责一个散客团赴国外旅游事宜，临行前 10 天把大家召集起来开行前说明会。把签证、费用、注意事项等说明之后，还有出发、集合、行李、护照等几个因素没有确定下来，于是她跟大家说，今天就介绍到这儿，其余内容过两三天再说。

来开行前说明会的人都有各自的工作，都是好不容易挤出时间前来的，这下都有些不满：还有这么多重要的事没定，两三天是哪天啊？行前我还要出差呢，下次集中说明会我恐怕出席不了了？到底是哪天呀？

鲍莲裳心想，等几件事情一弄明白马上就跟大家再次说明，一周之内总可以吧，还来得及。

短评：说者嘴里的两三天，也许只是个笼统的表述。可是听的人有可能就按两天、最多三天在计算。

尤其是大事、重要的事，听方的期待很大。如果你说两三天，人家有可能真的就按两天、三天去等。如果逾期的话，他会失望、会感到受骗。

例如，你跟客户说两三天就进货，但是如果让对方等了四五天，可就过火了，他会觉得你在骗他！

对策：这时候应该明确地说——3 天后的本月 8 日，劳驾各位再来一次，那时候就全部弄清楚了。

“收到”

案例 No.105

鲍莲裳给客户发了一封重要邮件。她想起按照“报联商”的培训要求，应该双渠道确认一下才更加保险，于是马上又发了条信息提醒对方：“我给你发了邮件，请查收。”对方马上回了信息：“收到。”

鲍莲裳迷茫了，“收到”？收到什么了？是收到这条信息了，还是已经收到邮件了？

短评：收信人是立即回复了，但是他给出的是一个模棱两可、让人很难判断的答案。

这时候，收信人不能用“想当然”来判断对方的想法。按照自己的意愿，既然是“收到”，那肯定是收到邮件了！这种“想当然”有可能耽误事！

对策：清晰地回复“邮件收到了”。不就是多写几个字吗？要让对方看懂。

练习题 No.16 这样的说法哪里不妥？该怎么说？

老张，跟您通报一声：从现在的进度来看，那件工作还需要花些时间。

随时复习

含混的表述、容易引起误解的词汇最好不用，以免影响信息的传递质量。

报联商铁则 62

联络的表述要具体、准确。

尽量避免使用指代词

这个、那个、这边、那边、这些、那些，还有他、他们等这一类的指代词，在商务活动的表述中有可能因为说者和听者的理解不同而造成误解，应该尽量避免使用，直接说清它们各自指代的人或事。也就是说，避免使用“他的”“你知道的”“你懂的”等不准确的表述。

例如，“那件事”，你指的是 A 事，也许对方想到的是 B 事。此时应确认：“你说的是……吧？”

小贴士 No.10　把话说清楚

- 那件事 —— 关于某工程的事。
- 那个人 —— 张三、李四。
- 那个穿黄衣服的人 —— 站在那里穿黄衣服的小郑。
- 请你告诉他 —— 请你告诉老王。
- 和上次那个一样 —— 和某项目一样。
- 下午上班 —— 下午 1 点。
- 老地方 —— 百汇商城东门入口，台阶上。

如果对方语言中使用了上述含糊不清的表达时，你要当场确认，不要想当然。

类似的容易导致误解的表述还有：

- 时间方面 —— 改日，尽快，第一时间……
- 对象方面 —— 那个人，他，那个高个子……
- 地点方面 —— 那儿，原地……
- 数量方面 —— 大部分，少量……

随时复习

涉及人员、事件等具体事项时，最好直呼其名，以免指代不明，造成误会。

报联商铁则 63

联络时尽量避免使用指代词。

沟通应该对等

和不同的人联络，不仅需要注意内容的选择，还需要注意联络方式的选择！你必须采用能让对方听得懂的方式去联络，才能有效果。

用语要对等

案例 No.106

有一家制造高端产品的工厂，在接待来参观的小学生时，厂长负责向大家做全面介绍：我们工厂是生产 PD 的。不料，有个小学生当时就问：什么是 PD 呀？厂长这才察觉：平常社会人士参观时用的解说词是不适合小学生的，过于专业的介绍他们听不懂。可是，到现在为止，已经这样给几所小学来参观的学生介绍过了，都是说的 PD 呀！看来，那几次学生们的参观效果不佳，他们似懂非懂。自己真是太大意了。

短评：面对小孩子，就要用他们听得懂的表述方法，这样才有效果。

在商务沟通中，我们和别人联络时，往往无意识地使用了专业用语，或者对外部人员使用了自己企业内部的词汇、技术略语等对方听不懂的表达。这是一种不对等沟通：用语不对等。例如，医生开的检查单、化验单、药方，你看得懂吗？他们给你说明诊断结果和治疗方案时说的话你听得懂，可是当各科医生会诊讨论手术方案时，他们看的资料和在白板上做演示时所写的略语、代号，患者肯定看不懂。

反省一下吧，自己也有冒出别人听不懂的词汇、语言，跟人家进行不对等交流的时候。

现在不妨就反思，列个清单，自查一下，结果会连你自己都大吃一惊！

方式要对等

案例 No.107　秀才买薪

天冷了，有一个秀才出去买柴来取暖。

他对卖柴人说：“荷薪者过来！”卖柴人听不懂“荷薪者”（担柴的人）

三个字，但是听得懂“过来”两个字，于是把柴担到了秀才面前。

秀才问他：“其价几何？”卖柴人听不太懂这句话，但是听得懂“价”这个字，于是就告诉秀才价钱。

秀才接着说：“外实而内虚，烟多而焰少，请损之。”（你的柴外表是干的，里头却是湿的，燃烧起来会烟多火小，你降点价吧！）

卖柴人这回根本听不懂秀才的话，于是担起柴，走了。

短评： 秀才的话本身无可厚非，如果讲给文人听他们是听得懂的。然而，秀才面对卖柴人时选择的这种方式是不对等的。其结果就是沟通失败，卖柴人误以为秀才不会买他的柴。

报联商的联络更是如此。面对不同的受众，需要选用合适的联络方式。

例如，央视《百家讲坛》节目请来的都是大学教授，其中不乏博士生导师。面对镜头，在那个讲坛上，他们能用在学校里面对自己的研究生所用的方式来讲述吗？他们面对的受众是全国的观众，各个阶层的都有，有学者、有主妇，也有农民工，必须采用能让所有人都听得懂的方式来讲述才行。于是诸葛亮“身高八尺”“是个帅哥”的表述就出来了（出自“易中天品三国”）。

同样，面对老年人，不仅要照顾他们耳朵背、思路反应慢，我们讲话的速度要慢下来，还要注意避免使用时下流行的略语、潮语、网络语言等，因为他们听不懂。

实技 No.19　注意对象 —— 用合适的方式沟通：

- 吹毛求疵的 —— 注意错句、错别字。
- 急性子的 —— 只报结果。
- 没时间的 —— 提交文字报告。
- 对数据敏感的 —— 用图表说明。
- 讨厌长篇大论的 —— 用条款方式汇报。
- 喜欢形象的 —— 提供照片或 PPT 等。

节奏要对等

案例 No.108

我们去饭店吃饭时，把菜谱翻了翻之后把服务员叫过来：“请问，你们这是什么菜系的馆子？”“哦，我们主营××菜系。”“能不能给我们介绍几个你们的特色菜？”

于是，服务员便如数家珍，嘴里跟打机关枪一样，一口气报出许多菜名：卤鸭、香肠儿、什锦苏盘儿；银鱼、烩鸭腰、醋熘肉片儿；鲇鱼、烩海参、爆炒蹄筋儿；鸽蛋、炒竹笋、糖熘芡米仁！

短评：服务员每天接触的就是这些菜，当然倒背如流了。可是我们呢？第一次听说！还没听清服务员说的是什么呢，人家都报出十几道菜了。请问你听清了吗？这又是一种不对等！语速、节奏的不对等。

在电视没有普及的时代，中央人民广播电台在周日下午有一档少儿节目叫《小喇叭》，是专门面向学龄前儿童的。其中有一个《孙敬修爷爷讲故事》的版块，非常受幼儿听众的喜爱。孙敬修爷爷给孩子们讲故事的声音抑扬顿挫，语速更是非常缓慢，就像哄小孩一样地娓娓道来，学龄前的孩子都听得懂，连小学生都喜欢听。他的声音影响了那个时期的几代人。

地位要对等

案例 No.109

一位妈妈兴致勃勃地带着自己4岁的孩子去逛嘉年华。那里人山人海、热闹非凡，很有趣。为了让孩子高兴，妈妈坚持着，玩得很累了才回家。

第二天，妈妈给了孩子一张纸，让孩子把昨天看到的东西画出来。结果，孩子在纸上画了很多纵向的线条。

“这是什么呀？”妈妈奇怪地问孩子。

“叔叔阿姨的腿。”孩子回答。

妈妈这才恍然大悟。孩子只有1米高，他的视线高度所及看到的可不都是别人的腿吗？大人看到的景象、获得的感受和孩子是不一样的。你说的东西他没看见，能对等沟通吗？

短评：如果“小巨人”姚明也在同一现场，他所看到的景象、获得的感受和我们的又会不一样。

我们在和别人联络沟通时，要根据对方的年龄、资历、职务、经验来选择沟通方式。不要自以为我懂的你也肯定懂。上级和下属、老员工和新员工、行家和新手之间的沟通，应该顾及对方的视角高度，尽量做到位置对等，这样沟通才有效果。

凡此种种，联络的时候要注意“对等沟通”，选择合适的方法，才能收到应有的效果。

实技 No.20　常用的可避免误解的表述方式

- 不光说日子，带着月份说 —— 3 月 8 日。
- 不光说日子，带上星期说 —— 3 月 8 日（周三）。
- 时间用 24 小时制 —— 不用 6 点，用 18 点。
- 不用一大早、早上上班 —— 用上午 9 点。
- 不用下午上班 —— 用 13 点。
- 不用下旬后半 —— 用 3 月 25 日以后（让时间的幅度尽量狭窄些）。
- 不用下个月初 —— 用 5 月 5 日前后。

练习题 No.17　怎么表述？

当不得不在电话里给对方说一些诸如自己的邮箱、专业略语等涉及英语 26 个字母的内容时，怎样用语言准确地传递给对方那个字母？你该怎么说，对方才能听清你说的到底是哪个字母？

How Much：联络到什么程度

联络要到位

案例 No.110

在某家分店工作的鲍莲裳为总店需要的样品向某厂家订货，上午 10 点，样品送到了办公室，共 10 个不大不小的纸箱。送货员乘电梯用手推车把它们送上了位于 20 楼的办公室。

下午 4 点整，快递公司取件员定时来取今天的快递物件。因下午停电检修电梯，快递员没办法把手推车推上来。快递员到了之后才发现今天不仅有快递文件，还有 10 个箱子要从 20 楼搬下去！事情反映到分店长那里，分店长只好动员当时在场的全体男性员工，每人一箱搬到楼下去。

分 店 长：前台，咱们没接到物业的停电检修通知吗？

前台小姐：一周前就接到了，我马上把它交给总务科长了。

分 店 长：总务科长，你为什么没通知大家？

总务科长：通知了呀，我当时就把那张通知单贴在门口的白板上了。

分 店 长：周一的每周例行朝会上为什么没有通告一声？

总务科长：贴在那里了，大家都应该看到了吧！

分 店 长：前台，今天早上货送来时是你签收的吧？怎么没想起下午送出去时电梯停电的事？

前台小姐：我哪知道这东西今天要送出去啊？

短评：相关人员似乎都做了该联络的事，似乎谁都没错。但是，联络是否到位要看结果，那才是检验的标准。

我们都觉得自己已经尽力了，该联络的都联络了，也告知对方了，他也听到了，他也看到了，我已经尽职了。可是，为什么不如意的事情总会发生呢？

原因就是联络不到位！要知道，联络了≠联络到位了，它们不是一码事。

在前文“跟谁联络”一节中，我们讲述了几种联络方式，其中主动性联络是自己主动跟别人联络，这种场合人们一般都能想方设法地把联络做到位。因为那件事涉及你自己的利益，你为了把自己的事情办成，自然会很用心地想办法做到位。

可是在面对另外几类联络（被动式联络、转达式联络）时，我们往往就不那么用心了。只是例行公事地把信息往外一递，至于联络到位了吗？事情办了吗？起作用了吗？还需要补办点什么吗？等等，统统扔到脑后去了。因为那些与自己没多大关系。等到因联络不到位出了问题，追查到自己这里时，大多会搪塞：我联络了呀；我跟他说啦；我给他发了邮件啦；我打电话告诉他了呀……似乎自己尽职了，没有责任，一脸的冤枉。

事情真的是这样吗？

- 信息传递在你这个环节出了问题，你怎么没有责任？
- 你传递出去的信息没有发挥作用，是因为你的传递方式有问题，你怎么没有责任？

把被动式联络和转达式联络工作也当作自己的事来对待，认真地联络到位吧！

随时复习

联络是为了和对方信息共享，但是如果联络不到位，就起不到这个作用。

报联商铁则 64

联络一定要到位，不到位等于没联络。

案例 No.111

经　理：鲍莲裳，我昨天已经让你通知甲公司的陈经理把约见的时间由2点改为3点了，今天3点我去拜访，可是陈经理非常生气地说，

“不是约好了 2 点的吗？怎么迟到了 1 小时？”这是怎么回事？

鲍莲裳：啊？昨天，我的确给甲公司打电话说了调整拜访时间这件事呀！

经　理：你是直接跟陈经理说的吗？

鲍莲裳：不是的，因为陈经理不在，我对接电话的人说“拜托您转告陈经理改变拜访时间”。

经　理：哦，是这样，那么你请谁转告的？

鲍莲裳：嗯，这个……我没有问他的名字。

短评：上级交代的工作做了吗？做了。可是，在上级眼里她做了吗？不仅没做，还把上级给坑了。

信息发布方的责任

我说了	≠	他听清楚了
我给他发了邮件	≠	他看到邮件了
我告诉他了	≠	他记住了
他听到了	≠	他听懂我的意思了
我给他打过电话了	≠	他听明白了
他听明白我的意思了	≠	他接受我的观点了
他接受我的观点了	≠	他有把握做到
他有把握做到	≠	他能按时做完

经第三者转达时把联络做到位的有效办法

上级交办的任务最终是要找你要结果的。你在执行过程中可能涉及第三者，甚至第四者的协助。由于你拜托他做的事与他自己没有多大关系，一般来讲他不会像你那么上心，于是，你拜托他的事被他敷衍、放置，甚至被遗忘的情况都有。在这种情况下，你如果过于相信这些中间经手人的话，出了问题倒霉的终究还是你自己。

拜托别人做事的时候，注意问清楚他的名字或者工号。这样不仅让你在事后确认时能够有迹可循，还能起到在无形中给对方精神压力的作用——你如果把我的事不当事，我是找得到你的。这样一来，对方就不敢怠慢了（至少不敢怠慢你这个能找他算账的人的事了）。

联络一定要确认

案例 No.112

公司召集全国各地的营销员，利用周末在湖滨的一栋别墅里由研发部长进行新产品的解说和使用培训。可是到了早上9点开始培训的时候，资料只有研发部长带来的几份，学员们的资料和样品都没有。

负责组织这次培训的科长问执行负责人鲍莲裳是怎么回事。一查，原来是快递出了问题。鲍莲裳一周前就把资料交给一直使用的那家快递公司发出了，平常都是第二天，最迟第三天就能送到，于是这次就没再追踪确认。

这个时期正好是节后，赶上节日期间网购打折商品发送的高峰期，快递公司忙得很，有些快递员是雇来的临时工。他们说已经送过两次了，湖滨别墅的管理员都没在，东西不敢放下就又拉走了。现在就算马上送过来，也得下午1点才能送到。

短评：为什么不确认？作为这次工作的负责人，鲍莲裳应该负责到底，光寄出了不行，得确认送到了才算把事情做完。

当工作出了差错、发生意外时，我们会奇怪："怎么会这样？不该发生啊！"但是它之所以发生了，大多是我们在某个环节办事不严谨、确认不够、过于相信别人等原因造成的。也就是说，这都不是"天灾"，而是"人祸"——只要操作的人严谨一些，都是可以避免的。

多关心一些：传到了吗？转达了吗？扭曲了吗？遗漏了吗？少人了吗？按时转达了吗？重点突出了吗？数字说错了吗？时间说对了吗？对方有回复吗？

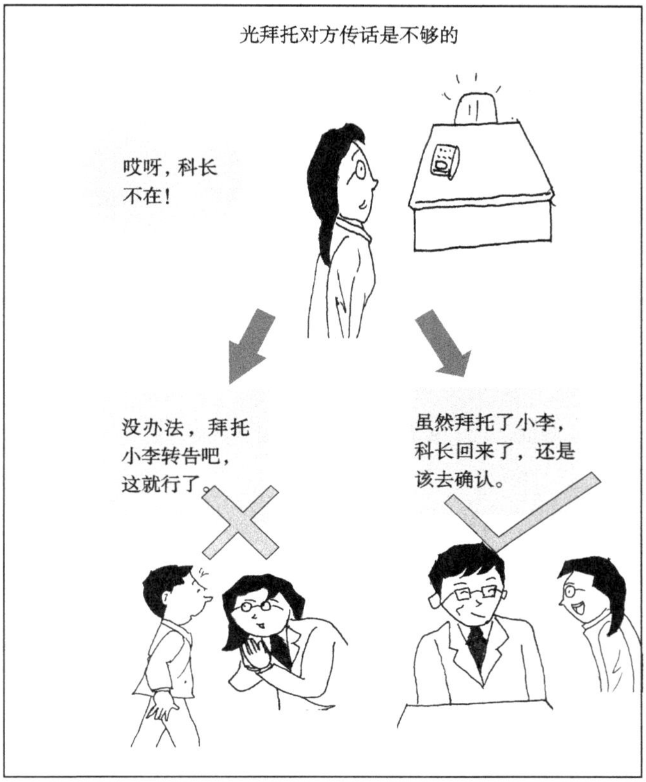

实技 No.21　养成认真确认的习惯

- 发了短信要确认 —— 对方收到否？留下证据。
- 发了邮件要确认 —— 请对方收到后回复。若收不到回复，要打电话确认。
- 手机订票要确认。
- 对方通知的地点要确认—— 提前查阅地图，考虑前往路线和交通手段，做到心中有数。
- 请人传话要确认 —— 转达了吗？何时转达的？是直接转达给本人了吗？
- 发出通知要确认 ——有关的人都接到通知了吗？能执行、落实吗？有什么问题吗？

- 汇款存根要保留 —— 直到对方收到汇款之后再处理。
- 没听清的电话要确认。
- 手机参加活动等信息不要急于删除，保留查询。
- 重要事项临近时再确认——确认时间太早了恐怕信息不准确，也容易被遗忘。
- 名片上不认识的字要确认。
- 文件上模糊的字迹要确认，不能想当然。
- 发出的传真、邮寄物、快件要确认——送抵了吗？谁签收的？
- 拜托对方回电话却迟迟不回时要确认——不要等，自己主动往前推进。
- 拜托对方办事时要给出希望办妥的时间——到时间之前要确认，不可一味等候。
- 多确认几次，不要怕麻烦，小心驶得万年船。

可能有人会说，这太过分了吧？太麻烦了吧？其实，太有必要啦！

看看身边那些不该发生的事情吧！在工作中、生活中，因别人的不认真导致自己受害的事情还少吗？正因为存在不认真的人，你置身于这些办事说话“大概齐，差不离，应该是，没问题”的人群之中，是指望不上别人时时处处给你认真严谨地办事的。

既然没有办法改变别人，那就改变自己。每逢事情涉及他人时，你就得提醒自己去一一认真确认落实，重要的事更要亲耳听到、亲眼看到，才能确保在自己这里不出问题。这样一来，你自己的严谨作风就在不知不觉中养成了。

实技 No.22　确认也需要技巧

当你确认传达到位与否时要替他人着想，尽量不要给对方造成不愉快，或增加他的负担。

- 催促别人回复时，可以在谈别的事时轻松地顺便提一句。
- 直接催问有讨厌、批评、追问的嫌疑，最好婉转些：日前关于××事的邮件是不是我没送到？
- 过多地使用发送收条式的邮件，会给对方一种被你监视的感觉，令人不快。

- “为了确认时间和地点，请于×月×日前给予明确回复。”
- “为了确认出席人数以便会务安排事务，请不出席的人回复一声。”
- “对于变更的内容有疑问的人，请与我联络，内线电话号码是 516。”
- “为了确认，敬请回复为盼。如无意见，请在此文末尾加上‘OK’，将原信回送即可。”

案例 No.113

有一次，我的手机里没头没脑地收到一条短信：“这次再订××货物××件，请于×月×日将货发到老地点的仓库。”

这跟我毫无关系，明显是对方发错了，我就是置之不理也是没关系的。但是，如果我不提醒对方一下，可以想象到当那一天货物不到时，他们双方之间发生争吵的情景。

短评：做人厚道点，于是回他一条：“发错了吧？”提醒人家一句。

练习题 No.18　这样做，联络到位了吗？

老张不在时鲍莲裳替他接了一个电话，按照 6W3H 做了记录，并且复述确认无误后，把来电记录单贴在了老张的桌子上。

本章小结

联络技巧复习

1. 我知道不等于你知道，所以需要联络。
2. 为了营造高效的工作环境，团队内需要密切地联络。
3. 联络五要素是及时、准确、不遗漏人员、不遗漏内容、不扭曲内容。
4. 多替对方着想，给需要的人送去他需要的信息。
5. 有保鲜度的信息更要及时地联络。
6. 与对方联络时，应该照顾到对方方便与否。
7. 根据内容、重要性、紧迫度选择合适的方式进行联络。

8．做好准备，妥善开始。

9．联络的表述要具体、简洁，不要引起误解。

10．联络要注意对等沟通。

11．联络的重点是信息准确。

12．重要的联络一定要注意确认。

13．一次成功联络的标准是联络到位。

联络的确认事项

- 坏事应该尽早联络。
- 接受留言时记下对方的姓名和事由。
- 团队内的用语、略语应该统一标准，以免造成误会。
- 发出信息不等于联络，重要信息一定要和对方确认。
- 致谢的信息不耽搁；致谢的电话要尽早、邮件要尽快。
- 频繁地传递必要的现实信息，注意时机和新鲜度。
- 当打电话和面谈时，注意把事由和时间清晰地传递给对方。
- 为了预防传递不到，发出邮件之后还应跟上电话或短信。
- 若想彻底地共享信息，就从整顿传递方式的体制开始。
- 含糊不清的词语会造成误解，应根据事实选用简洁的词汇表述。
- 重要的事项要反复确认，不要遗漏或遗忘。
- 在传递共享类的信息时，注意灵活选用合适的手段。
- 不仅要传达数字和文字，还要把信息的意思传递过去。
- 联络活动的目的是信息共享，并使这种共享程度尽量加深。
- 联络的双方都是有各自目的的，从自己的目的出发进行联络时也要照顾到对方的目的。
- 如今联络手段太多了，要注意选用合适的传递方法。
- 不应自顾自地发出信息，要确认对方想知道什么信息。
- 不是把信息送出去就是把事情办妥了，要考虑如何确保信息传递到位。

第 5 章

学习“商谈”的技巧——发挥集体的力量

What is：什么是商谈

案例 No.114

新员工鲍莲裳参加工作半年了，下面是她的做法。请问，哪个做得对，哪个做得不对？

1. 一项工作做完了，马上向发出该项工作指示的人汇报。
2. 觉得有必要的信息，立即不失时机、没有遗漏地向有关人员通报。
3. 挑战自我！工作上碰到了困难不依赖别人，自己努力设法解决困难。

短评：前面两章，我们学习了“汇报”和“联络”的技能。

上述案例中，第一个做法符合汇报的要求。工作做完了不等上级来问，主动前去汇报结果，这是对的。

第二个做法也是对的。及时、不遗漏地主动把信息传递出去。

第三个做法有问题。新员工往往容易这样做：开始工作后什么也不会，跟着师傅学。师傅教了1，学会了1，每天重复地做1。师傅又教会了2，又重复地做2……日子过得很单调、很无聊。突然有一天碰到了3，这可是件新工作，很有意思，具有挑战性！这回自己先干干看，练练。反正已经有了基础，又不是什么都不会！于是，不请示就干起来了！这样的擅自行动容易出问题，上级在不知情时也无法预先防范，出了事难以补救。

我们上班、工作，是在完成上级交办的任务。你负责的业务肯定属于团队大目标中的某个环节。因此，你这里的状态肯定会直接或间接地影响到整体，这也正是你的上级需要了解你这里的状态的原因。

有时你想更好地完成上级交办的任务；有时你在前进中遇到了困难和障碍，苦于无法突破；有时你做错了事、惹了祸，想要挽回或难以向上级坦白；有时你想到了更好的工作方法，想要改进、改善……这时候不要擅自行动，不要自己苦恼，不要自己纠结，找人去商量商量。

- 向上级请示自己的做法是否得当。
- 拿出自己的想法，让大家给你参谋参谋、出出主意。
- 说出苦衷，求得对方的体谅和理解。
- 一看事情不妙就趁早打声招呼，自己预先做个铺垫，同时让对方有所准备。
- 仅仅吐吐心中的苦水，释放一下自己的压力。

两个脑袋总比一个脑袋想得全面些，“三个臭皮匠，顶个诸葛亮”嘛！找人念叨念叨就会好些，这就是“商谈（商量）”。

当自己为难时去找人帮忙、征求意见，用双方的智慧和力量，共同找出最佳的方法破解难题。

根据你找的谈话对象不同，商谈的作用也不尽相同。

工作上的事，往往找自己的上级商量，这种时候就是“请示”。

如果去找别的部门的上级，或者找自己的同事、老员工、老师傅、长辈、能者商量的话，其行为可以叫作“请教、协商”。

如果找自己的闺密、发小儿、铁杆哥们、同学、室友、亲戚、家人商量的话，其行为可以叫作“参谋参谋”或“出出主意”。

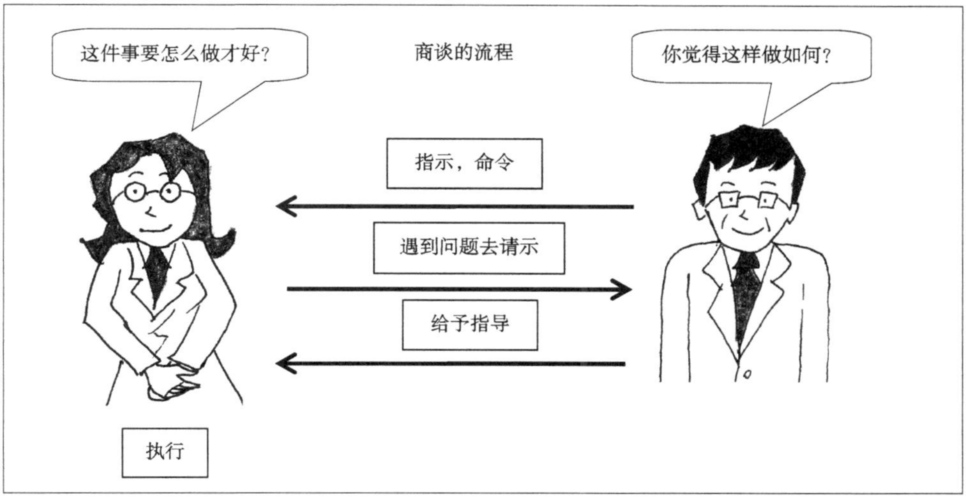

由此可见，这里说的“商谈”的含义，不是商务谈判中的“商洽”“洽谈”（那是谈合同、谈条款，是各执己见的讨价还价），而是“请示”“协商”“参谋”，它们是完全不同的两个范畴，千万不要混同。

商谈在我们的工作中会频繁出现，运用好了于公于私都有利。其中也有很多操作技巧，掌握了可以使你如虎添翼，利用他人的资源帮助自己突破难关，使自己迅速成长。

随时复习

借助上级的资源、集体的智慧、团队的力量都比自己一个人单打独斗要强得多。

报联商铁则 65

遇到为难事不要自己烦恼，去找别人帮忙就是商谈。

Why：为什么要商谈

团队力量破难题

人们只要工作就会碰到问题。越是能干的人，涉足的领域越多，于是碰到问题的概率就越高，其中很多问题是自己一个人难以解决的。

从决策方面来讲：如果自己独断，有可能犯方向性的错误，有可能束手无策，有可能浪费资源，有可能把问题搞大甚至搞糟，导致损失，自己又负不起责任。

从操作方面来讲：有时面临的很多问题仅靠一个人是无法解决的，需要别人的协作，这就必须依靠团队的力量。

这时候就需要调动团队的资源、团队的力量，这也是个人要加入团队才能有所作为的原因。

案例 No.115

公司产品的一大部分是通过市里的各大超市销售的。鲍莲裳的工作是往超市发货。

由于新产品不断上市，仓库里旧货品种繁多，最近送去的货物与运单不符，甚至缺货、发错货的现象频频发生。而且，每到周末，运货车辆容易被堵在途中，超过了超市规定的到货时间，还引起过超市的投诉。

鲍莲裳真是伤透了脑筋。她加了很多班，想了很多法子，也没多大改善，心理压力很大。

她也曾和要好的同事倾诉过，虽然释放了一些压力，但没起到改善作用。她一直没敢去找上级谈，怕弄不好会被批评。再说，万一上级要求她这么做、那么做，再增加了工作量可就不划算了。

后来实在抗不住了，鲍莲裳只好硬着头皮去找科长商讨解决办法。不料，科长立即拿出一套应对这种情况的 Q&A 文件，其中详尽地开列了遇到这类情况该怎么应对的种种很实用的措施。原来科长以前在这个职位时也遇到过这种现象，他早年就总结了一套对策。

短评：在事态变得严重之前，就该想到可以去找上级商谈，请示对策。这是很正常的行为，没什么可怕的！

我们在团队里工作，团队是一个巨大的宝库，比你个人的力量强大得多。上级那里有权力、有资源、有经验、有信息，他站得比你高、比你有人脉、比你有办法，为什么不用呢？那些都归上级个人所有吗？不，那是团队的公共财产，只不过由上级保管罢了，你也有使用权。

因此，我们学习商谈，一开始就要弄清这个基本情况：当在工作中遇到问题时，不要自己判断处理，不要自己抱着难题为难，不要把自己累倒。

需要澄清的几个观念如下：

- 找人商谈不是逃避。商谈也是执行力的一种形式，是想方设法推进工作的手段之一。
- 商谈不是找人发牢骚，它是设法借用别人的资源和力量完成自己的工作，是为了解决问题。
- 商谈能借用他人的经验打开自己的思路，或少走弯路、寻求启发、未雨绸缪，都是为了工作。
- 找人商谈能在问题进一步恶化之前找到解决办法，对工作是有利的。所以不是什么为难的事，完全可以大大方方地坦然实施。

解决问题增效益

案例 No.116

科长指示鲍莲裳在今天下班前整理好一份材料，但直到快下班了鲍莲裳也没弄好，于是她马上去找科长。

鲍莲裳：科长，你要的那份资料我想把它弄得详细一些，我想到曾在网上看见过一组数据就去找，刚刚好不容易找到了，可是……

科　长：这就快下班了，你弄得完吗？

鲍莲裳：现在才做了一半……

科　长：是吗？哦，已经4点多了！我看看，弄成什么样了？嗯……还可以嘛！这里可以简化些，有关附件明天再整理也来得及。这样的话，你看还需要多长时间？

鲍莲裳：是吗？那太好了！我抓紧点，估计5点能弄完，可以吗？

短评：遇到问题马上去请示。请示得越早，越能给上级留出应对和处理的余地。

商业活动其实就是不断地“解决问题”。职场上的报联商沟通其实就是为了解决问题。

什么是问题呢？事情按照现状发展下去走向的那个未来会偏离目标，就是问题。在上述案例里，都4点多了，才做了一半，距离上级要求的“下班前做完”的目标甚远，这就是问题。

你这里出现的问题，上级是能够解决的。但是如果你不去跟他讲，他就不知道你这里出了问题，也不知道你的问题出在哪里，所以无从下手。你及时去向他请示，起到了信息传递的作用，让他明白了：原来是这样，得赶快应对，于是问题就解决了。

随时复习

不论是客观条件变化还是自己遇到了难题，都可以用商谈来解决。

报联商铁则66

上级手里的资源宝库是公共财产，团队里的每个成员都有使用权。

改善工作提建议

案例 No.117

鲍莲裳接手了离职员工的业务，其中对A公司原来是每个月要去访问两次的。渐渐理顺了之后，鲍莲裳增加了对该公司的邮件沟通，每个月只去访问一次，把腾出的时间用来开发新客户，并取得了良好的效果。会议上鲍莲裳很自豪地向上级汇报自己的成果，不料却遭到了上级的大声呵斥！

短评：商务活动是团队作业，每个人都不是在单打独斗。局部改变会影响到整体，因此改变工作模式的权限在上级那里。下属的任何想法在付诸实施之前都要征得上级的同意。有合理化建议？想创新？很好！但是，先去请示了再行动！

上级在给你布置工作时，不仅布置他要达到的目标，还可能向你交代了具体的工作方法，或者已有固定的操作模式。于是，你按照 P-D-C-A 模式拿出一个方案（Plan），获得批准之后就开始操作了（Do）。

在第一线执行的你会遇到很多情况，可能发现原有的操作模式或已获批准的执行方法未必是最合理的，或者推进中遇到了什么障碍需要及时调整。这时就需要反省、检查（Check）和调整、改善（Action）了。这个环节重要的是：必须向上级请示，不能擅自行动。哪怕你的建议、方案再合理，也要在执行前先去请示。因为上级处于全盘调度的位置，你这里的变化是要由他承担责任的。

商谈是改善的工具。工作的具体执行者身处第一线，可以对事情进行调查、判断、计划并提出建议，但决定权在上级手里！在一个团队里决策是有规则的，违反这一规则就会打乱秩序，责任就难以分清了。下属是可以出主意的，但人人都有自己的主意，如果大家都动辄就擅自按照自己的想法做出改变的话，岂不是要乱套？

即使被授权可以自己看着办，也要跟上级打个招呼（确认没问题）再动手。尤其当你要做的改变会牵扯到其他部门时更要向上级请示，以免引起部门间的不协调。

案例 No.118

刚上班一周的鲍莲裳跟着师傅出席了新产品开发研讨会。会议是在资料室召开的，大家献计献策、踊跃发言，涉及各个领域，翻出很多资料，摊开来讨论。

散会后，老员工们起身走了，师傅招呼鲍莲裳“把资料收一下再走”。鲍莲裳还看不懂那些专业资料，迷茫了：这本资料该是放在这里的吧？边想边拿起来往书架上放。

师傅拦住了她：“小鲍，刚上班，不懂不要紧，多问问再动手，不要自行决定，会弄错的。”

短评：事无巨细，不懂不要自以为是，多请示，哪怕是很小的事情。

很多人不懂得这个道理，遇到事情时出于好心就先应对了，然后才去汇报，结果却被上级批评了。

那么，什么事情要请示，什么事情可以不必请示呢？

某岗位上的员工，当你什么也不知道时，要频繁地去请示：“师傅，您看1-2-3-4-5该怎么干啊？”师傅教会了你。当你再去问“1-2-3-4-5该怎么干”时，师傅会说：“你不是都学会了吗？别再来问我了。”这就叫授权，1-2-3-4-5他已经授权给你干了。

那么，该请示什么呢？“6-7-8-9-10该怎么干啊？”或者“1a-2a-3b-4c这些变种该怎么干啊？”这就叫请示。凡是碰到了新的事情就该去问，哪怕你觉得自己会干，也别擅自行动，问问再动。

等你当了组长，1~150上级都已经授权给你干了。但是，其中1~50是下属小张在干，51~100是下属小李在干，你自己只管干101~150。这时候你要向上级请示的是：“151~160该怎么干啊？”同时还要向上级请示：“我这儿121的地方有什么事；小张那里的23有什么情况；小李那里的66和88有什么情况；其余正常。这几个问题我打算这么应对，您看行吗？”这才是应有的“请示”模式。

随时复习

自己不知道的事情不要擅自动手，不会干的工作不要忙于瞎干，请示上级之后再行动。

报联商铁则 67

有想法、有合理化建议很好，但一定要请示之后再行动。

What：商谈什么

我们所说的“报联商”里的“商谈”，通常包括如下内容。

1．把握方向——上级知道了，就能给你把关。

2．破解难题——找别人帮忙，借助别人的力量。

3．防错纠错——误听、失误、遗忘、惹祸、把事办砸了找别人帮忙。

4．提高效率——集体的力量比个人大多了。

5．提出建议——当自己有新方案、新方法、新建议时。

这些内容大致可以分为两大类：前面的 1~4 项为 A 类，第 5 项自成 B 类。

A 类　基础的商谈：为了能够正确地遂行工作——当不明白、纠结、苦恼、为难时去找人商谈。

B 类　高级的商谈：为了改变工作方式——当对工作有想法、有提案、想提高时去找人商谈。

本书重点介绍 A 类——为了能够正确地遂行工作而进行的商谈。

注：B 类高级的商谈的内容，请参考《报联商——职场沟通必修课（实战篇）》相关章节。

用商谈把握工作方向

案例 No.119

鲍莲裳被上级委托去租间门店，开一家全市最漂亮的美容院。上级给她指示的具体条件是半年内能开业，月租金 1 万元以内，面积不低于 100 平方米。

上级对她说：“交给你了，看着办吧！”

上级这样信任自己还是第一次，鲍莲裳很高兴。有了授权就可以“自己看着办”了！

经过一番调查寻找，鲍莲裳看到车站的东侧老城区的市街已经成熟，现在就很热闹；而西侧正在热火朝天地开发，新城区的建筑都很现代，但是建筑工地很多、比较乱。最后，她选定了老城区的一间门店，那间门店的临街面很宽。“好好设计装修一下，肯定最漂亮。”

签了合同、交了定金后，鲍莲裳才去向上级汇报。不料，上级看了照片后一看地图就不高兴了：不是跟你说要“全市最漂亮”吗？高铁开通前，车站西口区域的工地都会收尾，那里未来的潜力多大呀！

短评：这种情况必须注意，越是上级说“你看着办吧”，给了你信任，越不能懈怠了“请示汇报”。这份信任是沉甸甸的啊！

上级给你授权是觉得你办事中他的意。但这种信任是从过往的经验中得来的，不代表这次你的做法肯定又能“中他的意”。

你想要工作的结果令上级满意，就多去请示吧！因为“请示”肯定是向下达任务的上级去请示，那么“请示”这个行为本身就带有“确认”的功能。多请示能为少犯错误保驾护航。

随时复习

自己没把握、迷茫、困惑时去找上级商谈，请上级把关，指明方向。

报联商铁则 68

事前的请示可以避免擅自行动之后的返工。

用商谈破解工作难题

案例 No.120

在工业区工厂人事科工作的鲍莲裳正面临一个难题，生产线上的操作工人短缺，总是招不够。她在工业区的人事工作者的聚会上得到的信息是同行们也面临着同样的问题。仔细调查发现，这附近的居民区里能出来工作的主妇们都在工厂上班了，但是还有不少孩子的妈妈被孩子拖住了脚，想出来工作却做不到，因为这一带没有托儿所。有人去市政府反映过，答复是近期没有计划在这一带设置托儿所。自己工厂办一间吧，资金又不够。

于是，鲍莲裳倡议工业区各厂共同出资办一间托儿所。尽管各家都有自己的算盘，但是几经磋商，集合大家的智慧，最终还是办起了托儿所。这样一来，工业区内的工厂也都解决了自己的用工荒问题。

短评：个人的力量是有限的，有时候一个部门的力量也是有限的。商谈并不仅仅局限于团队内部。不论内外，好好使用的话，集体的力量是以指数级增长的，相当巨大。

有些独自不能完成的大型工作，可以通过横向的商谈来完成。建立在互惠互利基础上的商谈，可以取得双赢、多赢、共赢的效果。

互相交换信息、交换想法、求同存异、进行磋商，就算各方都有不同诉求，也争取把能达到的共识最大化。这也是国际上处理双边关系、多边关系的原则。

用商谈防止错误发生

案例 No.121

新员工鲍莲裳的工作是处理进口单据，英语用得挺多。有一天她跟科长说：“咱们科里买本电子字典就方便了。”科长顺口应了一句：“是啊，别人也可以用，大家都方便。”

不久后，正好公司合作的文具店有人来送文具，于是鲍莲裳指着他们的商品目录里的相片就订了电子字典。转天货就送来了，鲍莲裳这下可方便了！

月底，文具店的结账明细送来了。负责总务的小娄看到明细后诧异：“什么时候买了电子字典？没见到谁批准了啊？”鲍莲裳心想：科长不是同意了吗？

公司有规定：购买文具需要填写购物申请单，呈报上级批准。

短评：关于此事，三者的沟通都有问题。鲍莲裳作为新员工，应该学习公司的规章制度。不懂时不要擅自行动，要请示，要多问、多请教。总务的小娄作为负责人，在收货时应该亲自确认，而不是授权他人。上级当时的回应本意是让鲍莲裳按照公司规章填写购物申请。但是对于新员工，他指导得不具体、不彻底。

如果鲍莲裳在向文具店订货前向科长确认一下的话，就不会发生这样的失误了。

在工作中，很多不该发生的浪费、低效、空耗都是沟通不足造成的。

负责的人自以为是，按自己的理解操办而不向上级请示（确认），于是出现的结果上级根本不知情！小到一笔费用的浪费，大到一个项目的失败，甚至因为此类错误频发而最终导致公司倒闭。

用商谈提高工作效率

案例 No.122

坐在办公室入口处的鲍莲裳看到门口进来个外人，马上站起身迎接。原来是一名客户，拿着本公司的一款产品，是来投诉产品质量的。

鲍莲裳和气地问清了客户的来意，费了很大劲才弄清产品的故障现象和客户的诉求，之后马上跟工厂联系，确认问题的性质和处理办法。听厂里说可以给客户更换，这才去向坐在后边不远处的科长请示。

科长说："我早就看到啦，也听到你们的对话了，而且我听了几句就知道是怎么回事了，上个月在别的门店也发生过一次同样的质量投诉。刚才我已经跟厂长确认过，决定把这一台也回收，送到厂里去作为分析问题发生原因的样品。我们已经商量好，决定给客人换一台新的。"

短评： 当遇到问题、投诉时，在弄清情况后应尽快向上级汇报情况，请示对策，获得指示和支援。然后按照上级的指示应对，才能高效地解决问题。在这个案例里，上级是在背后暗暗地支援着鲍莲裳，事情才能这么顺利。试想，如果等鲍莲裳请示之后科长才应对的话，工厂那边能这么快就做出决定，事情能这么快就解决吗？

练习题 No.19 发现确实由于自己的失误而出现不良后果时，采取行动的先后顺序是下列哪一组？

1. 寻找原因，杜绝后患；　　2. 真诚地道歉；

3. 立即行动，减少损失；　　4. 向上级报告。

A. 1-2-3-4　　B. 4-3-2-1

C. 2-4-3-1　　D. 3-4-1-2　　E. 4-2-3-1

随时复习

遇到突发事件、客户投诉，在初步弄清情况之后应尽快向上级汇报，请示对策。

报联商铁则 69

突发事件的应对更应该尽快请示，不要擅自做主。

Who：跟谁商谈

选准商谈的对象很重要

谁是可以商谈的人？根据你要商谈的内容、性质，寻找能帮你参谋、能给你协助的人。

合适的人：

- 站得比你高，经验比你丰富的人；
- 在自己请教的内容方面有知识、有经验的人；
- 乐于帮助别人的人；
- 不会感情用事，能客观地说清情况的人；
- 能够保守秘密的人。

不合适的人：

- 缺乏洞察力和判断力的人；
- 不大了解该项内容的人；
- 不愿帮助别人，以自己为中心的人；
- 倾向于感情用事的人；
- 你信不过的人。

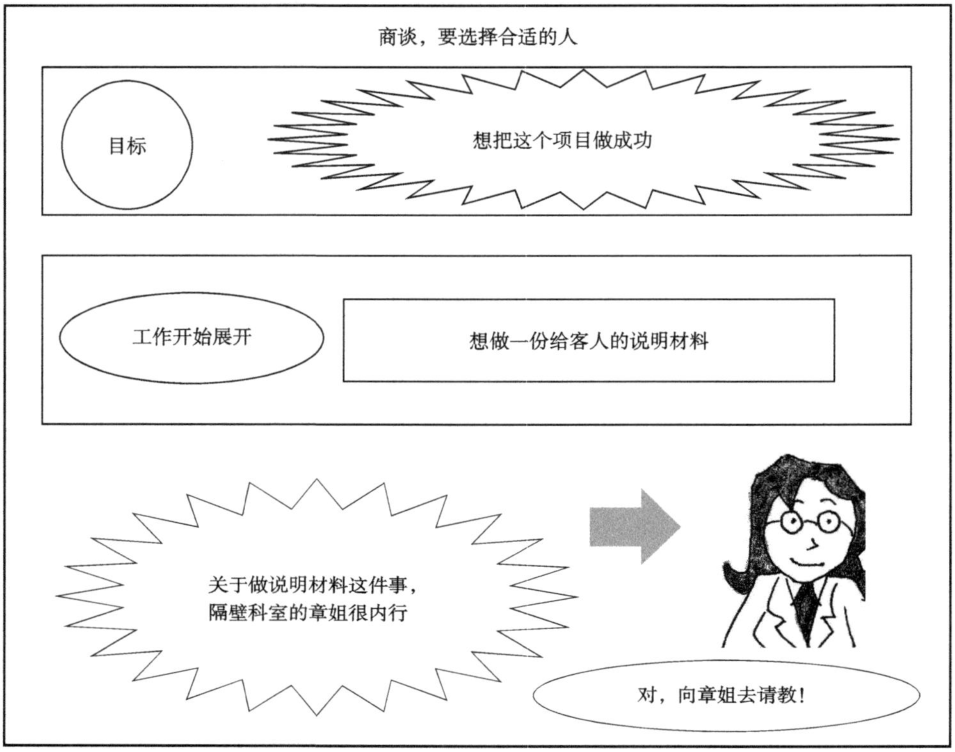

当自己遇到难题时想找个人商量商量，左看右看竟找不到一个合适的人。为什么会这样？因为你平日里没有注意了解别人。

你周围的人各负其责，各管一摊。平日里各忙各的，接触不多。于是，他的岗位，他的职权，他有什么特长，他为人如何，他的责任心如何，他的视角、高度、胸怀……你都不了解。如果你平日不注意去了解这些，对这些一无所知的话，那么即使你身边就有能帮你的高人、贵人，你也不知道啊！

如何去了解别人呢？有两种办法。

- 顺便地：利用日常工作需要和人接触的机会，别光顾着就事办事，有意识地观察、了解对方。
- 主动地：有意识地了解身边的组织结构，各位置的人员、职务、责权、工作现状和他们的为人。

随时复习

商谈是借用别人的智慧和资源，因此，选对商谈的对象很重要。

报联商铁则 70

正确地选择商谈的对象，才能有针对性地解决自己的问题。

找上级去商谈——请示

工作上的事找上级去商谈就是“请示”，这是工作中最常见的商谈模式。

理直气壮地利用上级、团队的资源

案例 No.123

我们来看看《西游记》故事里的主角孙悟空是如何运用“商谈”的。

孙悟空的上级是谁？不是师父唐僧，而是观音菩萨。为了让东土大唐的万民也能信奉大乘佛教，普度众生，董事长（如来佛祖）指派项目经理（观音菩萨）前往大唐寻找一个来西天取经的人。在途经五指山时，观音菩萨遇到了压在那里 500 年的孙悟空，于是吩咐他“等师父来时救你出来，好好地保护师父去西天取经”（这是上级在布置任务）。

这个任务交代得很明确：How to——保护师父；Where——去西天；What——取经。那真实的意图呢（Why）？上级没跟孙悟空说，其实是“普度众生”。

于是，孙悟空这个下属开始执行这个任务了。第一个遇到的难关就是黄袍怪（熊）。一通努力之后（该自己做的工作还是要做的），打不过，当然得找上级去了。

观音菩萨，您看怎么办？我是尽力了，您也该出手帮帮忙吧？如果您不帮忙的话，您交给我的这个任务我就无法完成了。不是我不好好干，是我的层次、能力、资源实在无力突破这个难关，要不，咱们就算啦？（西天不去了，经也不取了！）

此时，观音菩萨能不出手吗？她不帮孙悟空渡过难关，怎么跟如来佛祖（她的上级）交差？

按照这个道理，一路上孙悟空每逢遇到自己过不去的难关，就去找上级（观音菩萨收金鱼）、同事（哪吒剿灭老鼠精）、能者（赤脚大仙收金毛犬）、长辈（太上老君收金角、银角）来帮忙。

甚至在突破六耳猕猴这个难关时，当项目经理（观音菩萨）都难以应对时，董事长（如来佛祖）只好亲自出手相助不是？否则高层布置的“西天取经”这项工作就无法落实了，他们能坐视不管吗？

短评：只要你自己把该做的都做了，你已经尽力了还是无法推进工作时，就去寻找你的上级，让他动用集体的力量帮你渡过难关。

帮助你是上级该做的事，没什么不好意思，也没什么不应该，更没什么不对。就像孙悟空一样，理直气壮地去找他们来解决问题吧！

但是要注意方式方法，要客气、要珍惜、要懂得感谢。

上级也在等着你来找他

其实，上级早就做好这样的思想准备了：下属来请示时不能吝啬。因为不帮你把问题解决的话，最后还是他的责任，他这摊工作就不能取得很好的业绩。

尽管也有个别上级以忙为借口不爱应对下属的商谈，还有的上级总是让你自己去考虑考虑。可是大多数上级都期望自己的下属能尽快成长，运用跟自己一样的经验去工作，毕竟这种状态他也轻松。

随时复习

工作上的事情，商谈最多的对象是上级，从他那里可以获得指导、协助、支援。

报联商铁则 71

去向上级寻求帮助之前，应该把自己能做的和该做的都做了。

找师傅、老员工去商谈——讨教

案例 No.124

上级让鲍莲裳到某地铁站附近去租间店铺开个门店。鲍莲裳按照 6W3H 问清了上级的意图，开始寻找。

经过几轮筛选，有两间比较中意。一间马上就得签约，否则就会被别人订走，但是房租要贵些。另一间价格上要便宜 20%，可是原住户还在用，得等年底才能腾出来。

鲍莲裳无法做决定，想找上级请示一下怎么办。可是上级去欧洲出差了，一周后才回来！

短评：团队里的老员工接触上级的时间比你长，他们或者比你更了解上级，或者也曾经历过类似的局面，找他们给你参谋参谋，比你自己一个人苦恼要好。当然，最后还得你自己拿主意。

在“汇报”那一章，我们学习了一个原则“向下指示的上级直接汇报”。但是当不具备执行这个原则的条件时，向师长、老员工请教一下总比自己一个人做决定要好。

一般来讲，团队不论大小，上级都比你忙。他在处理高级的问题，考虑全体问题。所以作为员工，你有什么事应该先去找师傅请教，只有师傅解决不了的问题才去找上级。

再者，一般新员工的问题老员工基本上都会，大多在这个层次就能解决，所以不要什么事都跑去找上级。去找上级请示之前最好先听听师傅的意见。假如自己没有师傅，也该先听听老员工的意见，再去找上级。

注意打造自己的商谈人才库

找闺密、发小、同学、同窗商谈，效果不太好。因为他们的经验、眼光、高度并不比你高多少，往往谈了半天，无非是找到了一个比较可靠的“垃圾桶”，倾诉了一番而已，自己并没有得到什么启发。

案例 No.125

鲍莲裳工作 3 年了，最近被选中进入总公司的某项目小组工作，实在感到经验不足。可是在专项这个方面，她上级的经验也不多。放眼公司内，她觉得隔壁科室的老张可以帮忙，于是去向科长请示，能不能找老张学习和咨询。

科长想了想同意了，并马上跟老张打了招呼。于是，鲍莲裳每逢遇到不明白的事就去向老张请教，并同时向科长通报。老张及时地给予鲍莲裳适当的指点，并给出一些很好的点子，项目得以顺利推进。科长高兴，老张也颇有成就感。他对鲍莲裳说："有问题你尽管来，我尽全力帮助你。"

短评：做上级的，都觉得当自己的下属遇到困难时应该来找自己请示才对。如果上级知道了下属不来找自己，却直接去找别人的话，他会觉得没面子、不高兴。

所以，当你想找团队外的人去商谈时，先跟上级打个招呼，在商谈的途中和有了结果时，还要注意跟自己的上级汇报。

商谈的对象是否选得合适，其中很有学问。太高了用不着，太低了又不管用。最好是他的能力刚好能够解决你这个问题，但这个人不一定是你的上级，也不一定就在你身边。这就需要你有一个人数众多的商谈人才储备库，能够有选择余地才好。否则，什么事都只能找那一个人去商谈，也未必都合适。

需要到团队外去找专业人士请教时，最好让自己的上级判断该去找谁。你听他的指示，或者干脆请他介绍。

实技 No.23　找"能者"（该领域擅长者）商谈时的注意事项：

- 对于你商谈的事，对方既是行家又很关心——完全可以依赖他，向他请教。
- 如果他关心度不高，但在这个领域很擅长——拿两个以上的方案请他选择，他会提出专业看法。
- 如果他关心度虽高，但在这个领域不是很擅长——可以把每个方案的有利点、不利点都摆出来，请他给看看。

随时复习

商谈的对象不仅仅在团队内部寻找，身边所有的能者都可以是商谈的对象。

报联商铁则 72

平日里注意多帮助别人，有意识地建立自己的商谈对象人才库。

When：什么时候需要商谈

掌握不准意图时，马上确认

案例 No.126

科长拿着几张纸走到鲍莲裳的桌边，鲍莲裳马上站起身来：“科长，有什么事？”“噢，你看，各个部门这个月的数据都报上来了，不过很凌乱，你马上把它整理一下，做成一张 Excel 工作表。”鲍莲裳马上按照接受指示的方法，确认了几项与 6W3H 有关的细节，复述确认清楚之后，就着手开始干了。

把数字往表格里填的时候，鲍莲裳觉得有些不对劲：这张表格做成这个样子，开列了这些项目行吗？科长要这张统计表干什么啊？难道只是为了看上去清爽一些吗？是不是要跟上个月的数字进行比较啊？要不要添上这一栏呢？越想越不放心。不行，上级的意图领会得不是那么清晰，还是去请示一下，确认了才好，别干了半天他不满意。

“科长，你看这样的格式可以吗？这里是不是需要加上和上个月数字的环比栏呀？”鲍莲裳拿着初具模样的表格草稿去请示。

“对，对，就是这样。噢，后面再加上和去年的同比栏。我就是想看看环比、同比才让你做的呀！”

短评：上级给你的目标靶子可能很清楚，但是让你打这个靶子的意图、目的是什么？如果你不弄清楚就开始干的话，即使打中了靶子，上级也可能不满意。

有时上级在给你布置任务时，他自己也说不清目的和意图。这有可能是上级自己也不知道方向对不对，在让你替他探路呢。

这种时候更要密切地请示：

“领导，我现在这样了，下一步我打算那样，您看可以吗？”

“领导，我那样办不行，失败了，我还有法子，下一步我打算这样办，您看可以吗？”

“领导，我试了几个法子，都不怎么样，我打算继续想法子，您看……”

这样密切地请示、汇报，即使你因“探路”掉进坑里去了，上级也会来捞你的。可是如果你请示得不及时、不密切，上级没能及时地掌握你这里的情况的话，你掉下去了恐怕他都不知道，更别说来捞你了。

案例 No.127

在辽沈战役中，关键的一仗是攻占锦州。前线司令部给锦州外围的一支部队下命令：“迅速占领机场。”但是锦州有两个机场：一个在锦州西部，正在使用；另一个在锦州北部，早已废弃了。收到上级发来的命令，前线指挥官慎重起见，就又发电报反问，确认了一下：“锦州有两个机场，让我们占领哪个机场？”上级这下发火了，马上下令叫另一支部队去占领机场。

打下锦州之后总结时，指挥官就被批评了。按道理的确不该再请示了。

短评：若按照我们学习的原则“摸不清上级意图时马上去请示”来做的话，这个案例里的下属没做错。可是，在具体实践中，执行者不能教条地照搬，应该从命令的目的来领会上级的意图。打仗嘛，攻占机场是为了彻底完成包围，切断敌人的供给和联络线。由此意图可知，攻占那个正在使用的机场正是上级指示的目的。那个废弃不用的机场，去占了有什么用呢？

报联商的最终目的是解决问题，我们所学的各项技巧、原则也是围绕这个目的灵活运用的。否则，规矩倒是遵守了，可问题还是没能解决，那规矩又有什么意义呢？

随时复习

上级布置给你的任务只是表面的，背后真正的意图是什么，可以用请示去探明。

报联商铁则 73

任务执行中的请示，可以帮助自己更好地领会上级的意图。

工作遇到难题时，大胆求助

案例 No.128

库管员鲍莲裳责任心很强。这次过境的台风，风势刚刚有点减弱，雨还没有停，一大早她就跑到公司去看自己管辖的仓库。

打开大门一看，坏了！仓库东北角的屋顶被强风掀开了一个口子，雨水流进来，已经在地上积了一大滩，正在向西边堆放的纸质商品漫过去。鲍莲裳马上拿了些杂物想挡住那滩流动的积水，可是屋顶还在不断进水，一个女孩子又没办法上房去堵漏，也无法把西边的那一大堆商品转移到更高的地方去。看看表，时间还早，刚过 7 点，公司里只有自己和门卫值班员，别的同事都还没上班。怎么办？赶快请示！※1

鲍莲裳立即给自己的科长打电话，简单说明了情况，请示科长能否尽快调几名男同事来帮忙。※2

科长马上和人事科科长联系，问出了几名住得离公司近的男员工的电话号码，打电话向他们求援。※3

不久，几名男员工赶到公司，解决了危机。※4

※1　遇到困难找上级，脑子里要有这种意识。

※2　拿出自己的应对方案去请示。

※3　上级有你不具备的资源，能够帮你渡过难关，其实也是在完成他

自己的任务。

※4　团队的力量比个人大。

短评：上级手里有资源，他比你有办法。但是你不去求助，他有劲也没处使！

小贴士 No.11　遇到难关去商谈，能获得上级的支援

《西游记》主人公孙悟空，在接受了上级观音菩萨布置的任务（保护唐僧去西天取经）之后，一开始就遇到了一些困难。在观音菩萨帮他收了白龙马之后，他趁机向上级反映："我不去了，我不去了。那西方路这等崎岖，保这个凡僧几时能到。似这等多磨多折，老孙的性命也难全，如何成得什么功果？"※1

观音菩萨道："假若到了那伤身苦命之处，我许你叫天天应、叫地地灵。十分到那难脱之际，我也亲来救你。你过来，我再赠你一般本事。"观音菩萨将杨柳叶儿摘下三个，放在孙悟空的脑后，喝声："变！"即变做三根救命的毫毛。教他："若到那无济无主的时节，可以随机应变，救得你急苦之灾。"（《西游记》第十五回）※2

※1 反映的问题的确存在。

※2 安抚下属，调配资源，给下属吃颗定心丸。

短评：上级给你布置的任务，也是他自己的任务。因此，他让你去干，不仅不会坐视不管你的困难，还会主动给你资源、帮助你成功。但是若下属不懂得去主动请示，去反映这些实实在在的难处，也就得不到上级手里的这些资源了。

随时复习

积极向上级去请示的人，能更多地获得上级的资源。

报联商铁则 74

工作上的问题尽管大胆地去向上级求助，帮助你是他的义务。

自己犯了错误时，勇敢坦白

如果责任不在自己身上，是由外部原因、客观原因导致的，自己没责任倒还好说，早点请示寻求解决方案没什么心理障碍，人们都比较容易做到。但是如果坏消息是自己的因素造成的，也就是自己把事弄砸了，你敢去汇报吗？

案例 No.129

鲍莲裳是采购科的一名员工。昨天她才发现由于自己的疏忽、采购不及时，导致 C 零件不能及时到货。而生产线下周就要用到它了，怎么办？

如果是少量的还好应对，但这次的量很大，马上找 C 零件的生产厂家紧急催货也来不及了。她愁了一晚上，决定今早鼓起勇气去向科长汇报。可是“屋漏偏逢连夜雨”，今早一上班鲍莲裳就被科长叫过去对自己的另一处错误训了一通。科长还不得不把自己的事放下，亲自动手来给鲍莲裳补那个漏洞。这种时候鲍莲裳哪敢再说出又捅了一个娄子呀，还是自己先想想法子吧！

鲍莲裳偷偷忙活了一天，想尽了办法还是不行。离生产线要料还差两天时，她才不得不去汇报！

短评：结果怎样可想而知：公司遭受损失，科长勃然大怒，对个人也是损失！

自己这里出了问题，团队总比个人有办法。上级的经验人脉、团队的资源都比个人强大，如能早点发现问题，可以尽早应对，或补救、或止损，能把损失降到最低。下属如果坏事不报或瞒报的话，那么等上级知道的时候已经事态严重，连上级也回天乏术啦！

疏忽、遗漏、失误，谁都可能遇到。工作上的失误仅仅是发生意外的错误，可以理解。可是发觉后却不汇报，直至酿成大祸，性质就变了，那可是态度问题！如果再故意掩盖失误，那可是职务上的犯罪啦！犯错可饶，犯罪难恕！

随时复习

自己把事情搞砸了、惹祸了，勇敢地去向上级坦白，请示对策，事后上级会感谢你。

报联商铁则 75

当自己把事情搞砸时，反复纠结、不敢坦白是商谈的大忌。

自己无法判断时，上交信息

案例 No.130

错误的做法

鲍莲裳所在的货运公司因客户 F 公司的货运量不大且很零散，因此为其提供的是 D 级服务。一天，F 公司的科长通知鲍莲裳："我们为了整合销售渠道，准备这期合同期满后，从下个月开始就不再劳烦你们为我公司服务了。"鲍莲裳回去后只向科长汇报了"人家不用咱了"。到月底会议深入讨论时，她才说出原因是"整合销售渠道"，科长大吃一惊。

正确的做法

鲍莲裳得知客户要终止合作，当场就想查明背后的真正原因。但由于自己力量有限，也问不出个所以然来，立即就向科长全面汇报了实情。

科长得知客户提出的原因是"整合销售渠道"，根据经验觉得其中必然另有原因，马上去向销售总监汇报。销售总监动用自己的各种关系迅速查明：这家公司正在开发的一款新产品即将成功。如果上市的话，其物流量近期将有几倍的增长！

根据这一变化，销售总监和科长讨论，决定马上把对 F 公司的服务级别提升至 B 级：运费打折、每日登门收货、加快物流速度。科长奉销售总监之命带着鲍莲裳一起去 F 公司，亲自谈新的合作条件。最终成功续约，不仅保住了这个老客户，还扩大了业务规模。

短评：有新情况如实地及时汇报，给上级提供处理、判断的信息，其结果是公司受益、上级高兴、赏识鲍莲裳，鲍莲裳自己的业绩也大幅提升，还学了东西。

基层员工接触的信息量最大。其中哪些有用、哪些没用，在你这个层次是难以准确判断的。你只能根据自己的直觉、经验、上级的叮嘱等来判断其中的一部分，觉得需要处理、对应的把它报联商出去。其他那些被你忽略的信息里面，也许还有金矿呢！

如实地把这些信息汇报给上级吧，让上级根据自己的经验、手里的资源、所处的高度、拥有的人脉来精选、提炼这些信息，他会做出比你更妥当的处理。

在平时的工作中多动脑子、多观察，尽可能地从你接触到的海量信息中筛选出你认为高质量的信息提供给上级。如果你无法判断，那就不要犹豫，先报上去，观察上级的反应和应对，并在这个过程中不断地学习、揣摩、积累，以提高自己对信息价值的判断能力，逐渐把自己升华成上级信赖的“信息天线”。

练习题 No.20　该怎么办？

你接听了一个电话，对方谈的事情不该你管，可是你也不清楚这事该由谁管，这时该怎么办？

随时复习

把自己无法判断的信息和情况汇报给上级，由他去做判断。

报联商铁则 76

不知哪块云彩会下雨，也许你去请示的内容是很重要的呢。

发觉情况不妙时，拉人参与

案例 No.131

复印机租赁公司的营销工程师鲍莲裳负责向用户推销租赁各种大型多功能复印机，当然也负责安装调试、维护保养，甚至简单的维修。

有一次，鲍莲裳接到一家客户的报修，问清了故障状态后，觉得技术上自己能应对，就匆匆赶过去，没向上级汇报。结果弄了半天也没修好，这时才请示上级，已经耽误了很多时间。上级取消了一切活动赶来支援，好半天才修好，弄得客户很不满意。上级也批评鲍莲裳，为什么不早点通知自己？

短评：不论自己能否应对，都不要擅自行动。一看情况不妙，马上想到向上级请示，让上级知晓你这里的情况，这么做，能保护自己。

作为上级，他的责任是把他分内的工作做好，这其中包含下属分担的每件事。所以，他要了解实情、要防微杜渐、要察觉异常、要当机立断、要给你排忧、要帮你渡过难关，因为这就是他的工作啊！

其实说这些是为了打消我们的顾虑，并不是教我们如何逃避责任。希望我们能改变一下思维：遇到事情不要怕，大胆地去找人商量。把更多的人拉进自己的工作里来，既能分担压力，也能分担责任。参与的人多了，一般都会找到办法突破的，因为集体的力量比你自己的力量要强大得多。而且，上级正在等着你去找他呢。就怕你不去找人商量，那你自己一个脑袋能想出的办法就很有限了，最后问题解决不了倒霉的还是你自己。

商谈时为了把事情谈透，双方必须交换很多意见，展开深入地探讨、讨论。这个过程能让商谈双方迅速地拉近距离、加深了解。

因此，遇到问题不要只想到去和自己的上级商谈，也要多和身边的人商谈。这样做会让周围的人知道你在干什么、你能干什么、你的工作模式、你的好恶、你现在的能力……当更多的人对你有更深入的了解之后，等你遇到困难找人帮忙时才会有人愿意伸手、也才会有人敢伸手，你出现失误时大家才会理解你、体谅你。

Where：商谈的重点在哪里

不要说谎，说实话

案例 No.132

销售员鲍莲裳由于自己不注意，连续两次忘了按时给 A 公司发货。结果导致 A 公司生气了，通知停止已有的交易往来，与其他公司合作！

这种因自己的失误而丢了客户的坏消息，鲍莲裳不敢去跟科长讲，尤其科长又严厉又唠叨。

鲍莲裳：科长，嗯……跟您汇报件事，A 公司打算……不向咱们订货了。

科　长：啊?！怎么回事?

鲍莲裳：嗯……竞争这么激烈，也许是……对咱们的价格不满意吧！

科　长：不会吧，这也太不讲交情啦！不行，我得给他们科长打个电话问问！

鲍莲裳：啊?！科……科长，别，别，稍等一下，是……

短评：去汇报了，却不敢报坏事，只好编个谎言。但谎言是经不起核实、确认和推敲的，而且谎言是需要用谎言来遮盖的，于是会越陷越深。等到真相大白之日，必是公司受损、自己完蛋——双输。

向上级请示、向别人请教时，你若不说出真相，或者有所隐瞒的话，对方得不到真实的信息或完全的信息，那么给出的指示、忠告就不可能那么贴切、准确。甚至这个新指示、给你出的点子你根本就无法执行。如此下去，你会陷入恶性循环，最后难以收场！

在工作中，人们难免有失误、犯错误的时候，有人耍小聪明，编造一个小小的谎言，往往就能蒙混过去。你自以为成功了，却吃了大亏，因为这种水平的谎言迟早会被揭穿的。即使被揭穿了，旁人也就当是玩笑、是幽默，不会去计较，毕竟事情不大嘛！但严重的是，你已经给别人留下了“他会说谎”的印象，即有了“前科”。次数多了会引起别人对你的不信任，自己也会在不知不觉中形成对遇事用谎言过关的依赖。一旦遇到大事，你再去找人商量时，谁还会相信你？“假作真来真亦假”，狼是真的来了吗？

因此，还是“勿以恶小而为之”，在平常的日子里，再小的谎言也不要说。纸里包不住火，败露后得不偿失！

随时复习

找人商谈是请人家给你出主意，帮你渡过难关。如果你不把事情的真相坦白说清，人家怎么给你对症下药？

报联商铁则 77

既然找人去商谈，就要说真话，不要说谎，不要遮遮掩掩。

不要犹豫，别纠结

案例 No.133

鲍莲裳虽然在营销部工作，但是她应聘时提交的简历里写着自己曾上过财会培训班，还考了会计证。这个情况，她现在的上级科长是知道的。

一天，科长对鲍莲裳说：“我这里有一些咱们的竞争对手上个月销售同类产品的数据。你不是学过会计吗？你拿去给我分析一下，从这些数据里边你能看出什么东西来？”

鲍莲裳拿着这些数据看了又看，心想自己上的那个培训班本来就不太好，而且是好几年前的事了，所学的东西现在差不多都忘了，自己又能看出什么来呢？

去向科长坦白自己不行吗？那多没面子呀！找个朋友给看看吧？谁能帮忙呢？再说就是有人帮忙看出了点什么，万一下次科长又拿这类事来找自己，那又该怎么办呢？

鲍莲裳纠结了一会儿，也想不出妥善的办法。最后，她还是鼓起勇气找科长去了。

鲍莲裳：科长，对不起，我水平不行，从这些数据里我看不出什么东西来。

科　长：是吗？你不是考了会计证吗？

鲍莲裳：我学的都是一般的会计基础知识，只是充数而已。

短评：知道卡壳了、要坏事了、自己不行的时候，不要犹豫、纠结，那样会浪费时间，反而会把事情弄得更糟糕。尽早去向上级请示，讲明事实、原因，这样能让上级心里有数、正确应对。

遇到问题主动去请示，不仅不会显得你无能，反而显得你有积极上进、愿意主动学习的坦诚态度。

你不去请示，上级还以为你能够胜任这份工作。通过你的请示，上级才能得知你的瓶颈在哪里。如果是因工作经验不足的话，那么你还需要指导。同时，上级会联想到发生在你身上的事情，会不会在团队里其他人身上也有共性？进而引起上级的注意，或在会上讲一下，或举办专题培训以指导其他人。从这个意义上讲，你大胆地去商谈，等于是起到了触角、感知器、天线的作用，提醒了上级，他在心里是感谢你的。

Which：用什么方式商谈

自己为难时找上级请示，或者找人商量、请教，是你有求于人。这时候用邮件、短信、微信等文字都不容易说得清、说得透。即使电话请教，出于礼节也不合适。除非远隔千里、万不得已，否则最好的办法是当面请教，这样效果最好，而且礼节也周到。

当面请教的好处

- 当面请教可以观察对方的表情，全面了解对方的观点，有利于领会要点。

- 当面请教可以和对方展开对话，这样的讨论自己容易受到启发，诱发自己思考。
- 当面请教可以记录要点、确认疑点、抓住重点。
- 当面请教比较隐秘，可缩小知情者范围，容易保密。还可当面拜托对方，防止秘密扩散。

实技 No.24　珍惜对方的时间，事前做好准备

- 约时间：事前跟人家讲清楚想请教什么事，大约占用人家多少时间，让对方心中有数。
- 备资料：复杂的事情要准备好相关名片、照片、资料、实物，有助于简明扼要地说清原委。
- 自己努力：去找人家之前，自己先要努力，当自己实在拿不准时再去找人。
- 准备好问题：简单说清事情原委之后，重点说出面对的问题和之所以是问题的原因。
- 准备好对策：你自己的对策是什么？有几个？它们各自的利弊是什么？你为什么拿不准？
- 准备好纠结点：你的纠结点在哪里？你想让对方给你指点什么？给你什么支援？帮你做什么？

注意事项和禁忌

- 慎重考虑合适的人选，不要乱找人。替对方考虑他的状态：找他商谈能解决问题吗？他方便吗？他能尽力吗？
- 别轻易找人。去商谈的事要有一定的难度，太“小儿科”的事会被人看不起。
- 最好不要为同一件事同时找好几个人。听别人出的主意太多，会把自己的思路弄乱，导致自己更加犹豫。
- 如果找的人出的主意自己不满意，可以另找别人，但最好不要让前一个人知道，也不要向第二个人提及前一个人。
- 必要时，可以反复去找同一个人，但要在关键的环节去找，不要事无巨细都去找。

- 最忌当面否定人家的忠告。不满意的话，回去后不用就是了，当面绝不能否定人家。

小贴士 No.12　找人商谈时应持的态度

孙悟空请各路大仙前来助阵降妖时，无一不是自己亲往。或鞠躬作揖，或毕恭毕敬、阐明大义，至诚相邀人家出山，各路大仙才倾力相助。

著名的三顾茅庐的故事，其实就是刘备去找诸葛亮问计、请教。二人面对面席地而坐，展开讨论。谈出来的结果是“隆中对三分天下”之策。亲自前往求见，毕恭毕敬，方得良策。

随时复习

既然请教是去掏人家的智慧为己所用，那就拿出诚意来当面请教。

报联商铁则 78

商谈最好当面请教，既表达了你的诚意，又能谈得透。

How to：怎么商谈

尽早去请示，解决问题

和汇报、联络不一样，商谈多半是你有什么事要找人帮忙，这种情况下就尤其需要尽早，越早商谈出对策，对解决你的问题越有利。商谈要尽早，这点是不必多说、毋庸置疑的。

你遇事犹豫不决，最后实在没办法了才找人去商谈，这样是不行的。找人帮忙，要给人家留出时间来。否则，人家好不容易给你出了个主意，但是你自己的时间不够了，也没有办法落实，岂不被动?

尤其需要注意的是，越是大型的工作越需要时间。你如果觉得需要和别人商量的话，最好早做准备、早动手。

找时间切入

案例 No.134

“有点事想跟您商量商量……”“有件事不知道该怎么办……”

这样的开头，对方因不知到底是什么事，你会占用他多少时间而感到迷惑。答应了你，万一谈起来花费很长时间，会打乱他的日程；或者谈起来才知道此事他不大想管，也不好推辞。所以，不讲明事由的询问，让人家很难回答你。开始时最好讲明“关于××事”，让对方能有所判断。

向别人请教时，如何开始很重要：

- 关于××事，能占用您几分钟时间吗？　（对忙碌的人）
- 您正忙着呢？实在对不起……　（中途插入时）
- 我想跟您请示件事，可以吗？　（对上级）
- 本应早点向您请教的……　（有些耽误了的时候）
- 我有件只能跟您商量的事……　（非这个人不可的时候）

短评：找人商量是你有求于人，不能以自我为中心。大家都有自己的事，谁愿意听你的故事？如果你找他商谈的事他觉得麻烦，不想掺和，或者他觉得是搬弄是非等，一开始就不想听呢！

商谈往往比汇报和联络更费时间，因为汇报是告知上级现状，基本上是你自己谈得多。有时候上级一句“知道了”就汇报完了。联络是通告一些事情，只要把 6W3H 说全了，确认对方知道了也就联络完了。

商谈可不一样，是你找人寻找解决办法，是一来一往的对谈。为了弄清楚背景、过程、人物、原委等，对方会询问，你也需要说明，还有可能展开讨论甚至争论，这都需要时间。

因此，当你想要找别人商谈时，自己要设定好时间量：耗时 10 分钟？20 分钟？1 小时？一下午？然后想想，这么长的时间，你要找的这个人受得了吗？

他愿意吗？他什么时候才拿得出这么长的时间来？你找人商谈也不能太过分，别把别人的时间不当时间。更不要以自我为中心，随意找个人一谈就是几个小时，那样的话，大部分人会怕了你，对你敬而远之。

开始前，同样要观察当时的气氛，利用第一声招呼探探路，看看气氛合适不合适，再决定说不说或换个时间说。

说出你想和他商谈的事由和大致需要的时间量之后，也许对方当场就能放下手头的工作听你说。也许人家当时并不方便，而是跟你另约时间：“中午吃过饭吧”“半小时以后吧”“明天上午行不行”。这时候要尊重人家的意见，以人家的方便为基准商定时间。千万别以自我为中心：“领导，我这正为难呢，您能不能早点啊？”毕竟是你去找人家商谈，是你求人啊！

随时复习

商谈比汇报和联络更占时间，去找人商谈要考虑对方时间上方便与否，不可唐突。

报联商铁则 79

有的事当场商谈最好，有的事另约时间更好。

找人之前自己先努力

商谈是找别人帮你的忙，但是，人家为什么要帮你的忙？还不是看到你已经努力了，你的确没办法了，才向你伸出援手。如果你在找人之前自己没有努力，或者没怎么努力，人家愿意帮你吗？毕竟那不是人家的活儿，该由你自己干的啊！

案例 No.135

看看孙悟空在求人帮忙之前的自我努力吧！

每当“师父被妖怪抓去”的时候，孙悟空首先干什么？不是忙于去找人帮忙，而是自己努力，尽快弄清事情的真相。大部分模式是把当地的土地神叫出来询问：是何方妖孽（What）？叫什么名字（Who）？住在何方（Where）？什么时候出现的（When）？然后找上门去想办法弄清妖怪捉了师父想干什么（Why），是要吃唐僧肉？还是逼唐僧结婚？于是对症下药地自己先解救一番（How to）。

待孙悟空用尽了浑身解数、想尽了办法，还是降伏不了妖魔、解救不了师父时，才去找人帮忙。此时的他在搬救兵的时候，能把事情说得一清二楚：究竟是何方妖孽，想要把我师徒如何，我已想了什么办法没能奏效，实在是力不能及了，这才前来请大仙帮忙收服妖怪。

那些大仙、能人听孙悟空请示、汇报得如此清楚，再看看他的作为，也的确难为他了，于是才欣然相助。

短评： 自己的活儿自己先干，而且要想尽办法努力去干。待你因能力不够、资源不足、级别不够……的确干不下去时，再去求人帮忙，那是情有可原的。

需要注意的是，前文提到过觉得新工作自己能应对时千万不要擅自动手，应该先去请示。但这时候的请示在本质上是不一样的。

初级的请示：师傅，这个该怎么干？教教我吧！（自己只是被动地学习）

中级的请示：师傅，你看这个是不是该这样干？（自己动脑子了——上级批准之后再动手）

高级的请示：师傅，你看之前的我基本会了，也干好了。后边的你让我那么干，我懂了。可是我觉得要是这么干的话，是不是会更好呢？（提案型的请示——有自己的看法了）

练习题 No.21　师傅为什么生气了？鲍莲裳哪里错了？

鲍莲裳刚上班时看到科长就害怕，紧张得说不出话来。但是师傅很和气、平易近人，于是她有什么事也不去找科长，都去向师傅请教，师傅总是很耐心细致地教她。

于是，鲍莲裳一遇到自己不会做的事，不论什么事情都拿去问师傅：“师傅，你看这个怎么办？”

终于有一天师傅爆发了：“别什么都来问我，我又不是你的百科全书。”

随时复习

不能指望只要去商谈就会有人出手帮忙，自己的活儿先自己干，应对不了再去找人。

报联商铁则 80

“动锯就下末儿”，光想没有用，要行动！

做好准备再去

为了节省别人的时间，商谈前自己应该做好准备。事前 10 分钟的准备能使你的商谈进行得更顺畅。

决定要找人商谈后要做的事：定人选—考虑时机—选择地点—约时间—想好方针—制定目标。

商谈内容要准备，别自己都说不清

案例 No.136

最近开发的这家客户要求太严格，要的资料又很详细，总是催呀催的，导致鲍莲裳最近工作量增多，每天疲于应付。恰巧这期间她的胃病又犯了，春天报名的那个业务学习班也到了要考试的阶段，下班后还要去夜校听补习班的应试复习课。

压力太大，工作繁重，睡眠也不好，没有食欲，吃不下饭。这样下去不行，得跟上级反映一下。于是，鲍莲裳跟科长约了时间。下午一上班，鲍莲裳就和科长坐到小会客室里商谈。

鲍莲裳：科长，嗯……其实是这么回事。最近好累，那个……他们的要求太严啦……一会儿要报表……还找我要细目……我还得应付考试……胃病又犯啦……

科　长：你到底想说什么呀？

短评：首先要整理好思路、内容、问题（捋顺、弄清、究明、确认）。

跟对方简明扼要地说明下列几点。

1．事由（目的）——你为了什么来商谈？

2．事实——你那里发生了什么事？现在是什么状态？

3．背景——为什么会这样？

4．走向——继续这样下去会怎样？对你有什么不便？

商谈资料要准备，让人家听得明白

案例 No.137

鲍莲裳开拓了一家新客户，但迄今为止，关于这家新客户的详细情况向上级汇报得并不多。

最近鲍莲裳在和这家客户的来往中遇到了问题，找上级去商谈时，由于上级对这家客户的情况不太了解，听了之后也说不到点子上，只能给出些原则性的建议，无法深入参与给出对策，令鲍莲裳很苦恼。

短评：商谈需要双方站在同一起跑线上，如果双方所知的信息在量和质的方面差距太大，会出现说不清的现象，双方难以沟通。正确做法：先准备好该公司照片、数据、名片、人物关系图、营业额、数据等有关资料，再去找上级商谈。

如果是远距离的商谈，事前应该寄资料、发附件，让对方跟你处在同等水平上，做到信息对等才好沟通。在实践中你会发现，为对方整理资料的过程，实际上也是自己学习和自我启发的过程。

说明自己的困惑，拿出自己的意见

案例 No.138

鲍莲裳：科长，您不是要求我设法削减运输成本吗？我想了个法子，通知负责给咱们运输的三家运输公司的人都到咱们这儿来，公开跟他们谈一次，您看怎么样？

科　长：这个法子可以啊！不过，你打算怎么谈呢？

鲍莲裳：这个……我还没想好……，您怎么指示我就怎么谈。

科　长：那怎么行！你作为具体担当，不能没有想法呀！

短评：这岂不成了下属给上级布置任务了吗？

- 作为该项业务的具体担当，你不拿出对策来等于不作为，这是失职。

- 拿出的对策哪怕不那么好也不要紧，总比没有强。
- 自己总不动脑子，什么时候才能成长？别把自己变成他人的手脚。
- 商谈的目的是学习、学会、成长。不想成长的人没必要去商谈。

这样的汇报，等于给上级出了一道问答题，直接向上级要答案。当然，也许的确是因为你自己能力有限，真的不知该怎么办才这么问的。可是，这样给上级留下的是你很不成熟、能力欠缺、净给他添事的印象。

怎么办呢？给上级提交选择题。

在说明了问题所在之后，立即给出几种建议或方案，供上级选择和决定。哪怕是强拉硬拽地凑数，也比没有强！因为至少你这些在他看来是“小儿科”的方案能给他以启发，让他进入角色来思考这件事。这比一句“您看怎么办”要好得多。如能详细说明各方案的优缺点（最好是用数字和事实来说明，更具说服力）就更好了。

上级喜欢的是这种请示模式。因为他把你安排在这个位置，就是希望你能做好这件事的基础工作（问答题）。当遇到问题时，他只想在你提供的解决方法中去做选择（决策），这样他很轻松。对这样的下属他的感觉就会完全不同，他会觉得这个下属能干、好使、省事。

只是拿出几个方案就行了吗？哪个好呢？怎么跟人家说明？

案例 No.139

甲：我向您请示一下，A 方案和 B 方案用哪个好？首先为了 A 方案，我去了图书馆，找到了……和……，而我对……感兴趣……

乙：我向您请示一下，A 方案和 B 方案用哪个好？A 方案是……，B 方案是……，A 方案比 B 方案……，我认为……

这两种请教方式，哪个好？

短评：甲是在陈述过程，会让听的人感到啰唆，却不知你的想法；乙是在阐明自己的观点，让听的人了解你的想法，有助于对方做出判断。

在向上级请示时，你应提出几个方案并阐明自己认为哪个好，询问上级的意见。如果上级赞同你的观点，那就再好不过了。上级也许会否定你的观点，那他会说出否定的理由。或出于他的高度，为协调整体而否定你；或出于他的经验，预知事态发展的前景而否定你；或出于操作上不可行而否定你……不管怎样，这对于你来说都是一种学习。你作为下属，执行上级的指示就是了。

另一种商谈，是你去找别人请教、请他给你参谋。这时你找的人不是你的上级，他给你提出的忠告也不是什么指示，只是他个人的看法，供你参考。这时候如果你自己没有主见，就容易全盘接受他的意见，或被各种意见弄得心里更加混乱。

别人的意见不是唯一的，也不一定就是正确的！毕竟你是事情的负责人，你最清楚其中细节、复杂关系、各方面的利害。所以你去找人商谈除了上级的指示要不打折扣地执行，其他人给的忠告要客观地对待，这些忠告的作用更多的是给你启发，开拓你的思路。

千万不要不加思考地全盘接受别人的意见，要学会取舍，自己拿主意。

练习题 No.22 该怎么表态呢？

上级给你提供了 A 和 B 两个方案。你赞成 A 方案，不赞成 B 方案。这时如果你直说，我只能用 A 方案，不能用 B 方案，或者采用 B 方案的话我会如何如何，上级听了会不高兴的。

倾听对方的意见

在找人请教时，你精心选择的商谈对象都是你平常有意识培养的可信赖的商谈者。他们对你都有好感，在听完你的陈述之后，会真心地给出他们的意见。这时候要倾听，最好不要打断。

案例 No.140

鲍莲裳和一家客户新开展合作，一段时间下来有些问题。她给客户写了封邮件，在发给客户之前先发给了一位朋友，想让她给参谋参谋。下面是她俩在 QQ 上的对话节选。（□ 代表鲍莲裳，■ 代表朋友）

□ 我把打算发给客户的邮件先发给你了，看到了吗？你给出出主意，我这么写行吗？

■ 邮件我看了。你的业务我不懂，所以不敢乱说。

■ 但有一个想法：磨合期出些问题是正常的，今后能否理顺，关键在于对方的领导想不想理顺。

■ 建议：整理一批问题登门面谈。请他召集他的下属、各部门有关人员开联席对应会，由他当面拍板向你保证，才是解决问题的根本。

■ 不过，你自己提出的任何一个问题，你都应该准备上、中、下三个对策去供他们选择。不要提了问题后谁都没有法子，大家来现想法子，结果宝贵的机会却定不下结果，那对你很不利。

■ 这种磨合处理不可能一蹴而就，你要有思想准备。首先考虑好这次必须解决哪几个问题，否则就很难办。哪几个可以靠后暂缓（排好优先顺序）。

□ 就这样？等于没说。※1

■ 其次是你提案对策的定位——自己准备的三个对策，也应该注意到要…… ※2

■ 等于没说？那就不说了。

□ 要准备上、中、下对策，这个没想过。

□ 接着说啊，注意什么？※3

■ 没了，说了也是白说。

■ 你找别人去吧，以后这种事别找我了，我也忙。※4

※1　即使中途要插话，也应该是继续鼓励他说话，而不是拦截。反驳、诋毁更是大忌。

※2　显然，对方这句话刚说了一半就中止了。

※3　你还想听下去？这次的商谈已经被你自己毁了。

※4　得罪人了，此路断了。

短评：找人商谈其实就是去听人家讲话。既然你有求于人，你就该“洗耳恭听”，他说的有用也好、没用也好，好歹让人家说完。

若想成为“能干的人”，掌握倾听的技巧很重要，因为听人家说比自己说更能达到沟通的效果。

小贴士 No.13 听人家说话有诸多好处

1. 获得信息：能了解上级（对手）在想什么、怎么想的，他想要什么。
2. 探明同感区域：找到共同点，增加亲近感。
3. 给对方以自我满足感：让他说话，他能获得心理满足。
4. 增加知识：从对方那里获得自己不知道的知识。
5. 了解对方的性格爱好：从他的谈话方式和内容中判断他的性格。

找人商谈还可以起到观察、判断此人是否适合作为商谈对象的作用。

他说到点子上了，你就用；他说得不实用，甚至驴唇不对马嘴，你不采用就是了。通过这样的实践，你可以判断对方的能力。也许的确是个高人，今后有事就来找他！也许也就那么回事，那么是他不愿拿出真心来帮我，还是他就这种水平？今后有事还找他吗？哪种事找他合适？哪种事今后就不要再找他了……这些不就弄明白了吗？

保持谦虚的态度

案例 No.141

鲍莲裳：这三个方案中我觉得 A 方案较合适，可是又怕……，你看呢？

老员工：我觉得 B 方案不错，因为……

鲍莲裳：嗯，可是 A 方案……呀！

老员工：那你就不考虑……吗？

鲍莲裳：虽然那么说，可我还是觉得 A 方案好。

老员工：是吗？既然你这么认为，那何必来问我呢？

短评：也许你很优秀，也许你很自信。但是上述这样的商谈会让对方感到，你的所谓商谈只是在作秀。

别人给你出的主意被你当面质疑、否定的话，出主意的人会不愉快。你去找他商谈，不就是想借用他的经验，让他帮你看看你的主意怎么样吗？他指出的担心点多半正是你所持方案的薄弱处，而他的谈话中没有涉及的部分则是他认为的安全区。

对于别人给你的忠告，你若谦虚地去听，会从中听到真话。也就是说，你的态度能帮助他思考。当对方看到你谦虚的态度，他会油然而生一种成就感，于是会更加认真地帮你分析。这样一来，他更能看清事情内部的矛盾关系和细节，替你分析解剖了。

商谈时，你目光直视对方、微笑颔首、频频点头的动作，无疑是在打开对方思考的大门，让他不断地为你贡献智慧。

案例 No.142

鲍莲裳：科长，我跟您商谈件事，A 公司嫌我跟他们的联络不够，总是刁难我。

科　长：是吗？那你联络的时候，同时用文件、电话等方式，不要疏于联络。

鲍莲裳：我做了呀！又发传真，又发邮件，他们好像根本就不看。

科　长：联络不光是方式多样化，还有频率方面也要注意。你觉得你跟他们的联络做得不错了，但效果好坏还是要对方说了算。

鲍莲裳：我觉得我做得够到位的了，还要我怎么做呀？

科　长：怎么？你的意思是你没错，是吗？那就是客户错了?！这么说，你找我来商谈这件事的意思就是想让我去跟客户说，你没错，希望今后他们按你的方式操作，是不是？

短评：找人商谈时要摆正自己的态度。只是向上级反映情况吗？还是想诉说自己的委屈？跟上级的这番谈话，你到底想要达成什么目的？上级已经应对了你的商谈，给你指明了方向，你自己却听不进去，固执己见。如果这样的话，就没必要去商谈了。

随时复习

别人给你的帮助只供参考，也许你不想采用，那也应该谦恭地听取。

报联商铁则 81

自己不能一味地索要，别人没有义务为你提供服务。

How Much：商谈到什么程度

商谈之后不要忘了检验

结果的检验从下述几点着手。

- 自己期待的目标达成没有？如果达成了：
  -是采取了哪项措施奏效了？
  -采取该项措施的理由是什么？
  -是谁出的主意？
  -是全面执行了他的主意吗？还是部分执行了？或者仅仅参考了他的主意？
- 如果还没解决问题的话：
  -障碍在哪里？是不是方向不对？
  -是措施不当，还是力度不够？或者时机不成熟？
  -如果需要进一步商谈，这次该找谁？（启动下一轮）

无论结果如何，出主意的人都没有责任，因为拿主意的人是你！

商谈之后不要忘了反馈

- 找人商谈后的结果反馈能让人安心，并加深信赖关系。
- 通气也好，通报也好，其实就是联络。也就是表示感谢，心里记着人家，这叫有始有终。
- 不论结果好坏，都该向商谈的人通报一声。

- 即使对方通过其他渠道知道了结果，但还是从你这儿听到的更有成就感。
- 如有介绍者，也不要把他遗忘。这既是礼节，也是维持信赖关系的方法。

商谈之后不要忘了致谢

- 不论人家出的主意你想不想采用，结束商谈时都要向人家表示感谢，至少人家拿出了时间来与你商谈。
- 问题解决之后，不论是否采用了人家的建议，都要记得道谢，让人家知道这件事的结局。

本章小结

上级的困惑

- 下属轻易不来找自己商谈。
- 总是要到时间很紧迫时才来商谈，往往已经错过了最佳时机或来不及了。
- 下属擅自行动后才来商谈，等于是事后追加的报告，逼迫上级追认他的行为。
- 商谈抓不住要点，自己说不清楚，你问他，他也说不到点子上。
- 只想让上级同意自己的想法，反复强调一个方案，没完没了。
- 自己忙得要死时，下属拿些琐事来唠唠叨叨。
- 下属毫无主见，只是把问题往这儿一放，光想听上级指示。自己偷懒，不想负责任。
- 找错了商谈的对象（专业不对、知识不足、经验不够），给对方出难题。
- 来商谈的人走了之后就没下文了，也不知道给他出的主意管用不管用。

商谈技巧复习

1. 工作出了差错、遇到问题时应该主动找人商谈。
2. 商谈的合适人选是上级、前辈、师长、能者。
3. 明确商谈的目的，准备好资料，带上自己的意见。
4. 商谈前先要自己努力，把自己能做的都做了，还不行时再去请教别人。
5. 根据对方是否方便选择时机，珍惜别人的时间，尽量简短地去商谈。
6. 不仅要用 6W3H 说明问题所在，还要拿出自己的对策和观点。
7. 商谈的关键是态度要诚恳，勇于直言，不要说谎。
8. 找上级去商谈就是请示，上级给的指示一定要执行。
9. 讨教时无论别人出什么主意，最后的决策人还是自己。
10. 找人去商谈应该持虚心求教的态度，不论别人的意见合适不合适，都要认真听取。
11. 商谈的效果一定要记得检验。
12. 商谈的问题解决后，别忘了向人家反馈并道谢。

请示的诀窍

1. 熟悉上级的模式，知己知彼求双赢。
2. 想好自己的目标，上级目的也拎清。
3. 汇报讲究 T.P.O.，环境气氛可适应?
4. 做好准备才过去，资料数据讲得清。
5. 开口先问可以吗? 唐突擅自不可行。
6. 问清时间给多少，松紧缓急准时停。
7. 讲明事由说结果，上级有数坦然听。
8. 简明扼要谈重点，让他迅速能知情。
9. 过程细节看情况，若有询问才对应。
10. 带上对策明原委，上级拍板甲乙丙。
11. 旗帜鲜明亮态度，协助上级做决定。
12. 汇报结束听指示，复述问明再执行。

商谈的确认事项

- 你是按照事由—现状—背景—自己的打算—请教对方意见的顺序去商谈的吗?
- 商谈的时候，你是把事实和感想区分开说的吗?
- 当自己的意见和想法被对方否定的时候，你也能冷静、诚实地倾听吗?
- 你会把自己的主张和提案用请示的方式提出吗?
- 你会选择那种边干边听的场合或者去找工作繁忙的上级商谈吗?
- 有些内容，你能利用下班之后的时间和上级沟通吗?
- 你懂得在商谈的时候不仅要讲究技巧，更重要的是你的热情和努力工作的态度吗?
- 把商谈的时间设定得长一点，可以从容地分析问题，找到解决方案。

第 6 章

报联商实战——学以致用

总复习

你所在的团队里如果有人有下述观念，肯定影响报联商的实施，需要先端正观念：

- 太麻烦，不愿实行。
- 不喜欢这样的报联商行为。
- 去报联商太费事了，不如自己先干。
- 人人都忙，很难找到报联商的时间缝隙。
- 发信方和收信方的认识有差距，说不到一块儿。
- 有些问题太复杂，不是那么简单就能说清楚的。
- 不是说了“交给你办”吗？怎么还来汇报。

问一下自己有没有下述行为？观念端正了，行为也不能跑偏：

- 你考虑上级的视野了吗？
- 你是否密切地进行了报联商？
- 是否隐瞒了什么坏信息不敢汇报？
- 是不是等到上级催促了才去报联商？

- 商谈时准备好了自己的意见和理由吗？
- 有没有觉得“这是小事”而没有及时汇报？
- 是否没有遗漏人员地确实联络到位了？
- 汇报是否期待值过高或过低？
- 商谈时对方对你准备好的方案提出参考意见，你灵活地接受了吗？
- 汇报的内容是不是上级想知道的信息，或者是该让上级知道的信息？

要想做好报联商，需要注意以下 10 个要点：

- 有密切报联商的意识。
- 不要错过时机。
- 事前做好准备。
- 正确地传递。
- 简洁地传递。
- 坏事更要早报。
- 把事实和臆测区分开。
- 叙述的内容要考虑优先顺序。
- 适时确认，确保扎实到位地传达。
- 预测有可能被问到的问题，准备好应对方法。

总结本书的核心内容，通篇可以概括为一个字“去”：

- 去汇报，别不去！上级盼着你去汇报呢。
- 去联络，别不去！别让信息浪费在自己这里。
- 去商谈，别不去！找人商谈一下，总会有办法的。

实战演习

报告案例（正、误）

案例 No.143　出差回来怎么汇报

经理：小王，上周你去了广州的代理店吧。情况怎么样呢？

小王：我正在写出差报告，一会儿交给您。**※1**

经理：广州现在竞争很激烈，我一直在留意那边。现在你就口头向我报告吧！

小王：啊，好的。首先我在周三的上午去 A 公司确认了一下库存情况，然后下午…… **※2**

经理：不用说下去了，先告诉我销售情况吧！

小王：啊……好的。销售情况是这样的，新产品大部分卖得还挺好的。**※3**

经理：你去了哪家代理店？

小王：嗯……去了 A 公司和 B 公司，还有 C 公司。**※4**

经理：对 B 公司的新产品使用说明的培训进行得怎么样了？以你为中心，从三个月前就开始实施了吧，大家都能够很好地理解吗？

小王：进行得非常顺利。**※5**

经理：那太好了。你有没有去 D 公司呢？

小王：那个……我原本也想要去的，会议一结束就马上预约了。但是 D 公司的负责人忘记把预约的事情告诉总经理了，所以这次我去广州的时候总经理刚好去北京出差，不在公司。**※6**

经理：那你就没去，对吧？为什么不去呢？那是我们的新客户，是一定要去的，一个月前开会的时候我不是明确指示过了吗？我一直以为你一定去拜访 D 公司了。

小王：那家公司员工的素质真是太差了。那种水平也能卖出我们公司的产品吗？**※7**

经理：新产品有很多，销路好的是哪些呢？上个月上市的 5 种新产品销路都很好吗？

小王：嗯……应该都很好吧！**※8**

经理：应该都很好？

小王：嗯……好像 b125 和 c243 的销售额差不多吧！**※9**

经理：这些产品卖得好的原因是什么呢？

小王：这个……没有问……**※10**

经理：那么前几天开会时决定的关于 D 公司的投标要与 A 公司合作的

事情，A公司的反应怎么样？

小王：这件事啊，A公司好像不是很感兴趣。我也觉得很奇怪。听说A公司最近换了总经理，所以可能公司的方针也变了吧！**※11**

经理：啊，是吗？他们换了总经理，那应该尽早去拜访一下。

小王：是啊！债权管理也进行得不是很顺利，好像现在负债很多。这个月付给我们公司的钱可能也有困难。经理，我想您最好下周和A公司的总经理见个面。**※12**

经理：你说什么？为什么现在才说这么重要的事情呢？

※1 被问到才汇报，被动。不理解上级急于想知道结果的心情，按自己的模式按部就班地做。

※2 没有先说结果，而是先报流水账。

※3 表述含混不清，“大部分卖得还挺好”，这不确切，应该用数字说话。

※4 犹豫了一会儿才回答，其实内心是想掩盖该去却没去的D公司，企图蒙混过关。

※5 三个月前被委派的工作，这么长时间了一直没有汇报，这时被问到了才说，而且表述得含混不清。

※6 这是小王的联络事故。这种坏事应该早报，在发现的那个时刻就该从广州打电话回来承认错误，而且拿出补救办法。他倒好，先是企图蒙混过关，被发觉了又推卸责任，百般狡辩。

※7 强词夺理，态度恶劣。

※8 是事实还是推测？应该都很好？到底好不好？表述不确切，背后是工作态度有问题。

※9“好像”这种表述的背后是对工作的极度不认真。上级拿经费让你出差，你负责的这部分工作的情况就是这么含糊其词的，太没有责任心了！

※10 表面上是没有预测到上级有可能提什么问题而准备不足，深层仍然是工作态度的问题。

※11 在企业经营者的眼里，人、财、物这三项最重要。对方更换了总经理，这是天大的事，居然不报，被问到才说，还用“好像”这种模棱两可的表述。

※12 在商业活动中，还有什么比钱的事更重要？到最后才被逼问出来，这个下属心里真的不知道什么事情重要，是个无心之人！

案例 No.144　正确的应对

出差中的鲍莲裳听说 A 公司更换了总经理，第一时间（离开 A 公司之后马上）向上级汇报。

鲍莲裳：经理，跟您汇报件紧急的事，可以吗？我在广州出差，刚从 A 公司出来。听说他们换了总经理，是上周才上任的，姓柳，50 多岁。我先向您汇报一声，我会继续调查此人的来历背景，尽快再向您汇报。

经　理：好的，知道了，继续调查。

（第二天）

鲍莲裳：经理，A 公司新换的总经理的情况基本弄清楚了。他叫柳某，40 多岁，原来是国务院国有资产监督管理委员会某处的处长，听说 3 年前主持过某项目的体制改革，办事果断。家在某市，这次只带了秘书来广州赴任……

短评：什么工作重要？培训，新产品，代理商？都不是！把上级心中关心的事优先办好才是重要的工作。当好上级的感知器、调查员，多做对团队有益的事，贡献才大！

案例 No.145　正确的应对

出差中的鲍莲裳听说 A 公司资金有问题，第一时间（离开 A 公司之后马上）向上级汇报。

鲍莲裳：经理，紧急报告！我在广州出差。刚刚确认了 A 公司的资金链有问题，已经出现了逾期未付的现象。咱们跟他们一贯都是后付款式的交易，我建议把我预定后天回北京的机票延期，您看看咱们部门里和 A 公司还有几单欠款未结？建议把单据快递给我，我在这里催收欠款，避免资金风险，您看可以吗？※1

经　理：的确有逾期未付现象吗？你怎么确认的？※2

鲍莲裳：刚才我和对方的业务员洽谈时听到隔壁有争吵声，我也不知是什么事，就没在意。洽谈结束后出来时恰好隔壁也有两个人出来，看上去满脸怒气。于是我看了一眼那间屋子，是财务部！我在大楼的门厅里追上了那两个人，问了一句："和他们吵架啦？"其中一个年纪轻的小伙子愤愤地说："欠我们的货款，来催了几次了，总是推脱！什么再缓缓、再缓缓，没钱就别买呀！"我追问："怎么？他们资金周转有问题？"那个年长的人回过头来瞪了年轻人一眼，两人没再说什么就走了。经理，您看是不是有问题？※3

经　理：哦，是这样……知道了。你等我电话。

※1 紧急的事情抢夺上级的时间也要报！作为触角、感知器，把自己得到的信息迅速传递给上级，提出自己的想法，请示上级。

※2 上级也慎重，不光听结果，还要确认事实的真相，以免误判。

※3 简洁地汇报自己所见的事实，把判断权、决策权交给上级。

短评：身在第一线就要起到感知器、传感器的作用。

案例 No.146　接上一案例

2 小时后，经理打电话给鲍莲裳。

经　理：小鲍，我把情况向上级汇报了，也从另外的渠道进一步查明了，A 公司的资金链目前的确出现了问题。上级决定咱们马上收款。这样吧，咱们部门有三单货还没有收款，总计约 20 万元，我马上把收款有关的票据文件给你快递过去，你把收信地址以短信的形式发到我的手机上。公司其他部门还有多少 A 公司的未收款，目前正在汇总。上级让我两天内带上所有未收款票据尽快飞赴广州，去找 A 公司结账。你等我到了一起去收款，机票延期吧！

鲍莲裳：明白了，我马上把快递地址发给您，机票延期，待看好航班再联系。

短评：上级看到第一线报上来的信息，马上警惕起来，调动资源进行确认、判断、决策，并果断采取应对措施避免危机。决策后，给前线的下属下达指示。

第二天，鲍莲裳收到快递，马上去 A 公司设法收回了 20 万元的货款；两天后经理到达广州，经二人协作努力，把公司其他部门的三单未收款也都收回了。

两种截然不同的结果：

A．按照第一个案例的对话，小王不慌不忙地说到了核心问题。经理发现问题后赶紧准备好材料飞往广州去收款。但因已经错失良机，A 公司的资金链已经断裂，已申请倒闭，只能由法院裁决债务赔付。几经折腾后，只收回了总欠款的 60%，坏账 24 万元！小王的经理因管理不善、处置不当给公司造成了损失，受到上级追责，被降一级。小王呢？被直接开除了！

B．按照鲍莲裳的紧急请示方式应对。由于下属请示及时，经理不仅收回了自己部门的货款，还帮助公司其他部门及时收回了欠款，在公司立了一功！不久后，A 公司真的倒闭，老板跑路了。经理庆幸自己躲过了一次危机，心里感谢鲍莲裳提供信息及时，觉得她有头脑、识大体、懂业务，于是提拔重用。

从上述案例中可以学到：

1．路在自己的脚下，你自己决定怎么走。案例里的小王和鲍莲裳，两种应对，两个结局。

2．什么事情重要？上级的事情（团队的利益）比你手里的工作重要！

3．从得到的、感知到的信息中分析判断，什么是上级的重要事？把它优先办好才是你的正事。

4．注意给上级提供的信息，不仅要详尽，更要准确，避免引起上级误判。

5．给上级办事，哪怕耽误了自己分内的工作也不要紧。因为上级的小事都比你手里的大事重要！

6．因为给上级办事而耽误了自己的工作也不要紧，只要让上级看到你的确尽力了，他会体谅你的。

案例 No.147

下午，鲍莲裳正忙着做科长交代的销售统计报表，这份文件要求下午 5

点以前做好，看来是做得完的。科长下午外出了。

下午 3 点，经理拿了一份文件过来："小鲍，你把这份文件赶快给我打印一下，我马上就要。"※1

问清了经理的具体需求和完成时间，鲍莲裳接下了这项任务。经理走了之后，她拿着那份文件，估计这项突然插进来的工作需要 1 小时。如果自己干，科长布置的那份报表 5 点以前就做不出来了。※2

怎么办？鲍莲裳想起报联商，马上给科长打电话请示。※3

鲍莲裳：科长，关于那份统计报表的事，占用您 2 分钟可以吗？※4

科　长：怎么啦？你不是说下班前做得完吗？

鲍莲裳：本来是做得完的，可是刚刚经理拿来一份文件让我打印。我看了看，如果我干的话大约需要 1 小时，这样一来您那份报表 5 点就做不完了。※5

科长，我是这么想的，如果您这份报表不急的话，我先给经理打印文件，再接着做您这张表，我今天加班也会做完。※6

如果您这份报表非得 5 点前要的话，那么经理的这份文件您是不是指派别人干？※7

科　长：是吗？知道了，这么说 6 点前两件事都能干完？

鲍莲裳：如果不再有别的事的话，我觉得可以干完。

科　长：好吧，那你就先给经理干吧，我那份报表 6 点给我也行，我今天也晚走会儿。※8

鲍莲裳：知道了，我马上开始。

※1 判断：跨部门的上级、越级上级来下指示时，可以委婉地跟他说："最好通过我的直属上级来布置任务。"如果是本部门直属的越级上级，那就先接下来，然后马上请示直属上级。

※2 接受：与接受指示一样，记录 6W3H，询问不明之处，弄清交付期。

※3 汇报：接受了越级指示要马上向直属上级汇报，这样做可以让直属上级了解你的现状。

※4 汇报：应该先问对方方便与否。

※5 汇报：简明扼要地说清现状发生了变化。

※6 汇报：拿出自己的对策，最好是多种，供直属上级选择。

※7 请示：直属上级才有人员调度权，自己没有权力不经直属上级同意就给自己的同事派活儿。

※8 指示：通过下属的汇报，直属上级了解了现在的情况，下达了新的指示。

短评：接受了越级指示，马上向上级汇报情况的变化，并说出自己的想法。

案例 No.148 接上一案例

下午 3 点半，科长回来了。鲍莲裳跟他交换了个眼神，用手指了指桌子上的文件，科长会意地点点头。**※1**

下午 4 点，鲍莲裳终于把经理的那份文件打印出来了，拿着去找科长。

鲍莲裳：科长，经理的文件我给他打印好了，我去交给他？**※2**

科 长：噢，你辛苦了。他给你布置的任务，还是你直接去交差吧！**※3**

鲍莲裳直接去向经理汇报。回来后，又到科长那里去。

鲍莲裳：科长，现在 4 点了，我马上继续整理那份报表，估计 6 点以前能做完。**※4**

科 长：好的，那就拜托了。

※1 联络：在执行越级指示的过程中，要主动向直属上级报进展、状态，让他心中有数。

※2 联络：越级指示完成之后，去交差时要记得联络，让直属上级知道你的现状。

※3 指示：有直属上级这句话，你去向大领导推销自己的机会就来了。

※4 联络：交差回来还要及时和直属上级联络，让他知道你开始恢复正常工作了。

短评：让直属上级对你这里的情况了如指掌。

展开讨论：对比前面的汇报案例

1．小王的“报联商”在行为上错在哪里？

2．在思维上又错在哪里？

3．如此行为，个人会有什么得失？

4．如此行为，给团队和上级带来什么？

5．换位思考，如果你是上级，在听到下属这样的汇报时会是什么感觉？

6．你在这些案例里学到了什么沟通技能？（至少三条）

7．你觉得哪些做法是正确的？为什么？

8．你觉得哪些做法是错误的？为什么？

9．你或你认识的人中有没有人有类似的经历？和大家分享一下。

10．作为下属，你遇到这种情况会怎么做？

11．你认为哪个环节还可以进一步改善，做得更好？

12．应对越级指示的方式你认可吗？不觉得烦琐吗？

13．你觉得有必要这样做吗？

14．这样做对自己有什么好处？对团队、对上级有什么好处？

15．如果下属没及时汇报，擅自把上级的活儿延期的话对自己有什么不利？

演练：A 案例

1．组织者设定一个与自己公司业务相似的场景（问题），组织学员角色扮演：学员分别扮演上级和下属，演习出差汇报。

- 出差回来该怎么汇报？
- 出差回来后，该在什么时间汇报？
- 用什么方式汇报上级才会满意？
- 关于案例中的内容，若是你来汇报，你会怎么做？
- 揣摩一下，对这些内容，上级关心的要点在哪里？
- 上级应该怎么听汇报？应确认哪些要点？如何指导？

2．在大家讨论了本案例，对内容有所熟悉之后，规定时间，让每人写出一份简单的文字汇报提纲，然后收上来。组织大家根据下面的问题进行讨论，设定分数标准（这又是一种学习）。

- 基本内容都涵盖了吗？
- 各项内容都说清了吗？
- 各项内容是先报结果（现状）吗？

- 谁的语言最简练？谁的提纲字数最少？
- 写出来的顺序是不是按上级心目中的轻重缓急排列的？
- 汇报的同时，你提出自己的应对方案了吗？

互相判卷，根据大家定的标准，给试卷打分，然后讨论。

演练：B 案例

组织者设定一个与自己公司业务相似的场景（问题），组织学员角色扮演：学员分别扮演经理、科长和下属，演习应对越级指示。

1．先按照案例里的方式、步骤演练。都做到位了，各个角色的感受如何？学员发表看法。

2．再换一组学员演练：都做了，但都没做到位，各个角色的感受如何？学员发表看法。

3．再换一组学员演练：下属根本就不汇报，擅自行动，结果会如何？各个角色的感受如何？

4．下属在请示时多提几个方案。你有可能还会怎样应对？会有什么效果？

5．扮演上级的人多设定几种回答模式，演练这一案例在变化时，该怎么应对。

一组演练之后，其他人进行评论，然后换组演练，直到完美。

联络案例（正、误）

案例 No.149

有一天早上，我驾车去上班。拐过路口时，我看见这个路口辅道上的一个井盖儿竟不翼而飞了。我心想：上班高峰，要是有谁没注意，很容易出事故。于是趁等红灯的间隙，我从 114 问出了市政工程局的电话号码，打了过去。

我：市政工程局吗？我是一名司机。刚刚我路过××路和××路的交叉口时，看见由南往北的信号灯下有一个井盖儿没了，你们能不能赶紧派人处理一下，别出了事故。

值班员：是吗？谢谢你的通报，我们马上派人处理。

继续开车前行了不远，我的手机铃响了起来。幸亏路上车不多，我马上靠边停下接听。

维修队：是你打电话说哪儿有个井盖儿没了吗？我们维修大队现在派人去，你告诉我在哪个路口？

我：（无奈地）哦，是在××路和××路的交叉口，由南往北的信号灯底下。

维修队：知道了，我马上派人去！

挂断电话，我心想：刚才接电话的那个值班人员，怎么就没告诉维修队具体地点呢？

到了公司，我正在停车，手机铃又响了起来。我哪里顾得上接听，先专心倒车。不料铃声响个不停，我慌慌张张地停好车，赶紧接通。

工人师傅：我是市政工程局维修大队的，你刚才说××路口有个井盖儿没啦？我到这儿啦，怎么找不着呢？你再告诉我一遍，在哪儿？

我：（耐住性子）沿××路从南往北开，到和××路交叉的地方，就看见啦！

短评：可见接电话的几个环节，接电话的人都没有做笔记，一有问题就找我这个报修的，我这好事做得多累啊，如果途中接电话出了交通事故怎么办？打电话的几个人根本不考虑我当时的状况和感受。他们虽然一心一意在工作，可是联络太不到位了。

一条信息往往就能调动一个人甚至一群人去忙一项工作。这些人的工作能否做好、能否高效率，往往取决于这条信息的质量（6W3H）。

因此，接受第一报的人能否把这条信息尽量完善就很重要了。这条信息在继续往下传的过程中，后面的人一般都是原封不动地往下传递，无法确认、核对信息，更难以补充、完善信息的内容。

这样一来，第一报接收的信息是否完善、准确、详细就显得格外重要了，因为它会一直被传递下去，直到执行。

懂得了这个道理，如果接收第一报的人是你，那么要尽量弄清、确认哪些信息呢？6W3H。不要烦，再忙也要沉住气，认真地询问、核实、弄清之后，才放这个报信息的人走。这时候最好先把对方的联系方式（姓名、电话号码、邮箱等）弄清楚并记录下来。因为有时候报信息的人正说着就中途断线了，你若没留下他的联系方式，就找不到他了。

也有这样的情况，报信息的人自己也不清楚事情的全貌。你问他 6W3H，他也说不全面。这就更要密切和他保持联系了，因为他在现场，怎么也比你了解那件事的状态和发展。这时可以拜托他去弄清某几个 W（如何、多少、怎样、为何），你则和他保持通信，边向自己的上级汇报你的第一报，边频繁地向他询问、核实、确认进一步的信息，直到把事情的全貌弄清，提供给上级，才能帮助上级指挥得当、应对及时。

千万不能不负责任地接收第一报的信息。那样做的话，后面的行动就会大打折扣，甚至直接影响最终结果的质量。

案例 No.150

一个周末，我在电器店闲逛时，听了销售员的推销和示范，冲动地购买了一台当时新上市的相机（那时候还没有数码相机）。我觉得其中的一种功能对我的工作和生活都很实用，才当场决定购买的。

回到家里，我很兴奋，连晚饭都顾不上吃，就迫不及待地鼓捣起来，可是怎么也调不出我喜欢的那个功能。我脑子一热："上当了，骗人！"拿起电话就按照说明书后边的电话号码给生产厂家打了过去。电话还在振铃时，我冷静一想，现在是周末晚上 7 点，人家公司哪有人能应对我的疑问啊？正想挂断电话的时候，电话那边传来一个甜美的女声。

值班员：这里是某公司，有什么可以帮您？

我：啊，对不起，这么晚了打扰你。我今天刚刚买了一台你们公司生产的××牌××型号的相机。我想调出××功能来，买的时候销售员给我演示了，可是现在我怎么也调不出来。对不起，今天是周日，要不我明天再给你们售后服务部打电话吧？

值班员：谢谢您购买我们的产品。我想确认一下，您购买的是××牌××型号的相机，您想要调出××功能来，是吧？

我：是的，不过今天是周日，要不明天再说吧？

值班员：我知道啦，我试试看，您先挂断电话稍等一会儿。谢谢您！

挂断了电话，我不抱希望地开始吃晚饭。饭后看电视的时候，也就是晚上 8 点多，我家里的电话响了。难道是这事有回复吗？我将信将疑地接起电话。

售后服务：您好，我是某公司售后服务部的，我姓刘。请问您是购买了一台我们的××牌××型号的相机吗？

我：是的。

售后服务：谢谢您购买我们的产品，请问您现在想要调出××功能来，是吗？

我：是的，下午买的时候销售员给我示范了，可是现在我怎么也调不出来。

售后服务：好的，请拿起相机，按我说的步骤操作。装上电池，打开电源，先……再……

在他一步一步地引导下，不到 2 分钟，我所要找的画面出现了！原来我在一个步骤上操作错了。

售后服务：现在可以了吗？还有什么需要我帮助的？

我：可以了，谢谢你。

售后服务：那么不打搅了，有问题明天请打我们的售后服务电话，号码是×××，我姓刘。再次感谢您购买我们的产品。

短评：接电话的是个不懂业务的小姑娘。可是从事后的发展来看，她的联络做到位了。

接到第一报之后，她按照联络的基本要求，做了该做的事：

1. 及时（尽管是周末，她还是及时把信息传递出去了）。

2. 准确（在接听电话时，她认真地确认了我购买的机型和我的诉求，记录了我的电话号码）。

3. 不遗漏人员（她迅速联络了售后服务部的人员，应对人员找得很准确）。

4. 不遗漏内容（她把确认过的信息——电话号码、机型、客户诉求——全部传递给了后面的人员）。

5. 不扭曲（这些信息很全面，没有遗漏、扭曲。可以肯定，她接听电话时做了笔录）。

正因为接听电话的值班员应对正确，下一个步骤的售后服务人员才能根据她传递的信息，提前查找资料、预做准备，然后拨通我的电话，干脆利落地解决了我的问题。

设想一下，在这个案例里，如果接听电话的值班员稀里糊涂地不询问、不记录、不确认，只把“客户有需求”及一个电话号码传给售后服务人员的话，售后服务人员该怎么应对？能取得现在这样的效果吗？

展开讨论：对比前面的两个联络案例

1. 你在这两个案例里学到了什么沟通技能？（至少三条）
2. 你觉得哪些做法是正确的？为什么？
3. 你觉得哪些做法是错误的？为什么？
4. 你觉得正确的做法，对你个人有什么好处？对对方有什么好处？
5. 你觉得错误的做法，对你个人不利吗？对对方会产生什么不利？
6. 你或你认识的人中是否有人有类似的经历？和大家分享一下。
7. 作为第一线的人员，当你接触到这些“第一报”的信息时，该怎么做？
8. 如果是你在联络，怎样做才能督促对方把你的信息准确无误、不遗漏地记录下来？
9. 如果你联络的是一条你认为很重要的信息，可是你感觉到对方并不那么认真，你会怎么办？
10. 当上级派你马上奔赴现场（交通事故、客户投诉、仓库漏水、生产线停机……）时，你至少应该弄清什么信息传递给上级？
11. 当你意识到自己已经成为上级的现场感知器时，你应该做什么、怎么做？这对你有什么好处？请举例说明。

演练：角色扮演

组织者设定一个与自己公司业务相似的场景（问题），组织学员角色扮演：两个学员分别扮演报信人和接信人，演习（问题）第一报。

- 报信人说清了吗？
- 报信人是怎么述说的？注意 6W3H 方式了吗？
- 报信人的表述简洁明了吗？

- 报信人的通报效率高吗？耗时多少？是否冗长拖沓？
- 接信人记录了吗？
- 接信人的询问到位吗？
- 接信人是不是该问的都问到了？有没有遗漏关键信息？
- 接信人复述确认了吗？
- 接信人对报信人是否根据案情需要做了指挥、请求协助调查、安抚、感谢的活动？
- 接信人如何把接到的信息整理，第一时间呈报给上级？
- 如果报信人当时对某些情况也不甚了解，接信人应该如何和报信人保持联系？
- 接信人是否做到先向上级做了第一报，再找报信人继续核实其他信息？

二人一组演练之后，其他人进行评论，然后换组演练，直到完美。

商谈案例（正、误）

背景 1　在贸易公司工作的报关员鲍莲裳接受了上级布置的一项任务：今天下午到海关去为给新加坡分公司发去的一批货办理好出口报关手续，以便货物准时吊装上预定的海运货轮，及时运出。科长布置完任务有事出去了。

公司有专门的单证科，平日去那儿打印出口单据很快。但是今天下午单证科有事，人员都聚集在五楼会议室开会，只留了一个值班员。于是，第二天早上就有了如下一番对话。

案例 No.151

科　长：小鲍，咱们新加坡分公司的王经理刚才打来电话，问他定的那批货能否按时运抵新加坡港。

鲍莲裳：别提了，我从昨天就着急呢。昨天单证科的人都集中在五楼会议室开会，只留了一个人值班，不巧的是他那台计算机死机了，单据都打不出来，我没法去报关。直到今早才刚刚打出来。我现在马上去海关申办，但恐怕原来订的那条船来不及了，另换条船会晚两天起航。

科　长：什么？要延期？坏了坏了，王经理那里要跟客户违约了！你昨天下午干什么去了？

鲍莲裳：我帮单证科值班员的计算机杀毒了，还重装了系统。这不，计算机修好了。今早第一个就给我打的单据呀！

科　长：不干正事！

短评：在执行上级交办的任务的过程中遇到了问题，不知道马上向上级求援，擅自判断、擅自行动，看似为了完成自己手里的工作在突破卡壳儿的环节，但结果是没完成上级交办的任务。

在工作中遇到难题是正常的，突破难关也绝不会只有一种方法、一条路！你的总目标是尽快到海关报关，把货物按时运出去。现在卡在了打印单据这里，那么此时你的阶段目标就是如何把单据打印出来。修复计算机固然是一个办法，但还有没有其他办法呢？

1．再开一台计算机——每台计算机都有密码，需要本人操作。

2．单证科的人都到哪里去了——都在五楼开会。

3．去喊一个人下来——鲍莲裳去了，喊不下来。单证科的科长说："有值班的，找他去。"

鲍莲裳想：法子我也想了，自己也努力了，但看来自己的力量是无法突破这个难关了。海关 5 点下班，4 点不赶到海关，今天就完不成任务了。从公司到海关路上还需要半个小时，这么算下来 3 点半必须从公司出发，现在已经 3 点了，值班员的计算机没有修好的迹象。看来已经到了最后关头，再不向上级请示求援就来不及了。

案例 No.152

鲍莲裳：科长，关于新加坡那批货报关的事，您给单证科的科长打个电话行吗？※1

科　长：怎么啦？

鲍莲裳：他们科的人都集中在五楼开会，就留了一个值班的。不巧的是，值班员的计算机中病毒死机了。刚才我上楼去跟单证科的科长说了情况，请他再放一个人下来开台计算机，他不同意。这不快3点了，再不打印单据，海关那边今天就来不及了，明天才报关的话会晚一班船，不就误事了吗？您看呢？※2

科　长：知道了，我马上打电话。※3

※1 汇报的重点是“先说结果”，那么请示呢？请示，肯定是你有求于人——求上级、求别人帮你。因此，说明事由之后就应该直奔目的：先说你的要求，而不是先说过程、原因。

※2 请示时，让对方脑子里先装进你的要求，再听你说原因，最后他会觉得：“嗯，他这个要求有道理。”

※3 事关上级的利益，他不得不出手帮你。

短评： 把自己该干的事情干了，当自己的力量无法突破难关时向上级请示、向组织寻求帮助。这时，不仅要简洁地说明难点在哪里，还要拿出自己的对策。

背景2　今年的中国进出口商品交易会出展，上级决定交给鲍莲裳全面负责。给她布置任务时，鲍莲裳十分兴奋。尤其当听到上级说“这次就都交给你啦，你看着办吧”时，更感到重任在肩。既然上级这么器重自己，这回可得好好干，做出个样子给大家看看！按照接受指示的报联商技巧，鲍莲裳确认了上级这次出展的目的及相关事项，也做了记录，没忘认真复述，都确认无误之后，就开始操办具体事宜了。

新组建的团队也很给力，每个人都很敬业。一切都按部就班，顺利推进，开局挺好。现在展品即将装运，大家也都买好了飞机票准备飞赴广州。这时，上级来视察了。

案例 No.153

经　理：鲍莲裳，中国进出口商品交易会参展的事，准备得怎么样了？

鲍莲裳：没问题，展位已敲定，展品也都准备好了，正在包装，已经订了一个铁路货柜，下周一启运。

经　理：用得着专门定一个货柜吗？有多少东西？

鲍莲裳：总量是少了点，正愁拿什么充填那近 1/3 的空当呢，怕运输途中把展品晃荡坏了。

经　理：啊?！下周咱们发往广州分公司的那批货，一共五个铁路货柜，还空着大半个呢。

短评：还是出了差错！错在哪里？过分依赖那句“你看着办吧”而忽视了中间汇报，擅自行动。

上级让你“看着办”，是对你的一种信任，并不等于他不惦记你这里的事。小事可以不管，大事还是想知道的。上级来过问此事，其实就是他对此事并没有彻底放心的最好证明。这一问，问出毛病来了，他会怎么想？都走了这么多步了，一次也不来汇报！我来问才发觉运输上有浪费，其他几个环节还不知道怎么样呢？合理吗？合适吗？有无浪费、低效、重复、不必要？怎么一声不吭就自己办了呢？

那应该怎么办才能合上级的意呢？不是交给我“看着办”了吗？

小事的确不必一一去请示了，但每逢大事还是应该去请示一下的。哪怕上级听了后不置可否，没有给出什么意见，也能起到汇报让他知晓的作用。

这种时机的把握，不是做完之后去“汇报”，而是有了自己想法时操作之前的“请示”。

案例 No.154

鲍莲裳：经理，占用您 5 分钟，跟您汇报一下中国进出口商品交易会布展的事，可以吗？

经　理：好啊！来，来，说说看怎么样了？

鲍莲裳：这是我弄来的展位图。您看，从正门进去，对面的这 10 个展位租金是 10 万元。而从东门进去，面对大门的 10 个展位只要 7 万元。我调查了一下，历年来从东门进场的人数是正门的 80%。您看咱们今年定在哪儿好呢？

经　理：你怎么看？

鲍莲裳：我觉得东门展位比较好，70%的价格、80%的客流量，性价比高。而且东门离主停车场近，开车来的客人停车后都得从东门进场，而开车来的人正好符合咱们今年出展的展品主题，都是咱们的客户群，参观客人的针对性也高，出展的效果应该比设在正门要好。

经　理：嗯，有道理。挺好的，就这么办吧！你办事，我放心。

短评： 请示是在操作前去听取上级的意见，汇报是在做完之后去通报结果。想想看，哪种行为能让上级感觉到你对他的尊重？做完了才去汇报不仅没尊重他，万一不合他意，生米已成熟饭，难以更改了；或者即使还能改，返工也需要成本，他能高兴吗？

这样，鲍莲裳接下来：

- 在决定展品的环节，拿出自己的意见去请示展出哪几个款式，获得了上级追加最新产品的建议。
- 在制作专用展品时，获得了上级给工厂打招呼给予关照的支援，保证了质量、缩短了交付期。
- 在包装展品、设计展台风格环节，拿着计算机合成的完成预想图去给上级看，获得了首肯。
- 在运输展品预订货柜时，去向上级汇报，搭了便车，节省了一笔经费……

工作的确是交给鲍莲裳“看着办”了。可是鲍莲裳在大的环节上都密切地向上级请示、汇报，在上级的知情、了解、指引、帮助下，一步步地走向这项工作的终点，做到了让上级对此事了如指掌。于是上级很放心，也很满意。

这才是“你看着办”应有的报联商模式。

展开讨论：对比前面的商谈案例

1．你在上述案例里学到了什么沟通技能？（至少三条）
2．你觉得哪些做法是正确的？为什么？
3．你觉得哪些做法是错误的？为什么？
4．你觉得正确的做法，对你个人有什么好处？对对方有什么好处？
5．你觉得错误的做法，对你个人不利吗？对对方会产生什么不利？
6．你或你认识的人中是否有人有类似的经历？和大家分享一下。

7．作为第一线的人员，当你处在上述场景时，你平常都是怎么做的？

8．你觉得上述案例对自己有什么启发？

9．在迄今为止的工作或生活中，你遇到过为难的事吗？是怎么过关的？找人帮忙了吗？

10．你找人帮忙出主意时，人家帮到点子上了吗？起作用了吗？你感谢人家了吗？

11．有没有上级让你“看着办，都交给你啦”的时候？那时你心里是怎么想的？

12．当你遇到困难时，你记得拿出自己的应对方案去找上级商谈吗？

演练：A 案例（报关）

组织者设定一个与自己公司业务相似的场景（问题），组织学员角色扮演：学员分别扮演科长和下属，演习应对困境。大家来体会两个角色此时的心理感受：

- 遇到难题了，下属给上级打电话求助，这个电话该怎么打？第一句话说什么？
- 下属还有没有别的应对方案提供给上级选择？
- 假设上级的回答是别的样式（不管、不急、亲自来……），结果会如何？你该怎么办？
- 扮演上级的人多设定几种回答模式，演练这一案例在变化时该怎么应对。

演练：B 案例（出展）

学员分别扮演经理和下属，演练“交给你看着办时”的请示。大家来体会两个角色此时的心理感受：

- 演练商定展位时的请示。注意时机的把握、方式的选择。
- 演练商定展品时的请示。下属注意自己的准备工作和请示的内容，上级尽量给予忠告。
- 演练包装产品时的请示。下属提出几个方案供上级选择，重点演练自己的主张。
- 演练筹划展品运输时的请示。下属的打算和上级的看法如何协调？
- 体会下属若没去中间汇报，自作主张直奔结果时，下属的感受和上级的感受。

- 请扮演上级的人应对了下属的请示之后，马上谈谈刚才的感想：下属这样来请示时，我这个做上级的是什么感觉？
- 这么做对自己有什么好处？
- 这样做，上级会怎么看你？烦你吗？那你觉得该怎么办才好呢？

二人演练之后，其他人进行评论，然后换组演练，直到完美。

报联商技能确认单

这里提供报告、联络、商谈技能确认单，可供读者自己评价使用，也可供企业的人事干部培训使用。

- 可以把它作为测试题，自己答题。每项 1~5 分，看看自己的沟通状态如何。最好让别人（尤其你的上级）来给你打分，也许在别人的眼里，你完全没有做到某一项！
- 也可以把它作为培训课程和小组学习的讨论题。每次不必多学，仅就其中的一项或相关的两项展开讨论，探讨操作，分享心得、他人的案例，或者现场演练……以学员深有感触、能够记住为目标。

汇报技能确认单

看看你做到了多少项？（______项）

1．接受指示时认真记录，复述要点，询问不清晰的疑点。

2．接受工作指示时，按 6W3H 确认内容，认真领会上级的意图。

3．制订出实施计划后就去汇报，听取上级的指示并借机再次确认上级的意图。

4．不自作主张、擅自取舍“这种事不必汇报”，要把知道的信息全部汇报。

5．重视中间汇报，以便了解、理解上级的意图，把握准确的方向。

6．因公外出或出差时，密切地向本部报告自己的动向和所在。

7．在执行任务过程中遇到了障碍、发生了意外时，不要自己烦恼，马上汇报。

8．当事态紧急、重大时，哪怕抢夺上级的时间，也毫不犹豫地汇报。

9．完成了上级交办的工作，必须向“下指示的上级本人”直接汇报。

10．当需要汇报时留心观察上级的动静，设法寻找汇报的时机和切入点。

11．汇报时注意 T（时间）、P（地点）、O（状态）。

12．上级忙的时候去汇报，首先询问“能给我多少时间”，然后掌握好汇报节奏。

13．汇报前做好准备（精神准备、目的准备、文字资料、数据确认、照片、实物等）。

14．汇报时先报结果，不忙于讲过程，更不摆功，不讲自己的“苦劳”。

15．懂得观察自己上级的喜好，并用上级喜欢的方式汇报。

16．自己提供方法、对策时尽量多提供几个，供上级选择。

17．汇报坏事时不逃避责任、不推诿，不忙于追究责任，先解决问题。

18．汇报坏事时不光汇报情况，更要拿出自己的对策。

19．汇报使用的语言准确、清晰明了，不使用语义含混的词汇进行表述。

20．被其他部门的上级（包括非直属上级）询问了情况，立即向直属上级汇报。

联络技能确认单

看看你做到了多少项？（______项）

1．约会、访客可能会迟到时，提前 5 分钟和对方联络，讲明预计迟到几分钟。

2．当自己的所属部门、电话、邮箱、业务等信息发生变化时，及时通知有关人员。

3．离席或外出时向身边的同事或上级打个招呼，说明去向和预计归来时间。

4．当别人委托你办事时，做不到的不要随便答应，先确认无误之后再承诺。

5．电话里或会面时答应了别人的事，一定要给个回音，不能置之不理。

6．当别人按你指定的要求为你做好了某件事时，不要忘记表示感谢。

7．时不时地整理一下手头的信息，不要把它浪费在你这里，想想可以把它传递给谁。

8．联络之前准备好资料、数据、实物；公开发表前先准备好文稿再开始。

9．根据内容灵活地采用公告、会议、面谈、邮寄、传阅、电话、传真、邮件等方式联络。

10．采取各种办法（如开列名单逐个核实）确实地联络到每个相关的人。

11．当你想要表达感谢或歉意时，尽力与相关的人会面，当面表达以示郑重。

12．发送样品等实物时，考虑包装、重量等运输因素，确保能完好送抵收货人。

13．口头、电话联络时用语准确，不使用语义含混、容易误解的词语。

14．替人接听电话要认真按照 6W3H 记录内容，及时、准确地通知当事人。

15．电话留言条不是贴在当事人桌子上就算完了，当事人回来后还要提醒他。

16．通知客户不好的事情时，尽量不采用电子邮件，而是采用电话或面谈的方式。

17．尽量不用传真、电子邮件等不安全的手段传递机密文件。

18．用邮件联络后，还要口头或电话向对方确认。

19．联络所使用的文字资料，注意内外有别，需要保密。

20．很多联络是需要跟进确认的。接收的信息要确认无误，送出的信息要确认传递到位。

商谈技能确认单

看看你做到了多少项？（ ______项 ）

1．对上级交代的任务不甚明了或把握不准上级的意图时，要及时去请示。

2．在事态没有进一步恶化之前，鼓起勇气把它公开，找人商谈对策。

3．重大问题不能用邮件商谈，应该面谈。既尊重对方，又安全、全面。

4．找人去商谈之前，先把自己的想法列个草稿，整理一下再去。

5．找上级请示之前，先听听相关者的意见，找老员工取取经。

6．考虑上级的忙闲，观察上级的情况，把握好时机，贴切地开始商谈。

7．在对方时间、精力、心情都合适的时候，找合适的人商谈（注意 T.P.O.）。

8．切入商谈时说："关于某事想向您请教，能占用您×分钟时间吗？"

9．上级忙时，把想商谈的事情简单提出，和上级另约时间专门请示。

10．不仅要说清楚事情的原委，还要拿出自己的意见和人家商量。

11．向别人叙述事情的原委能促使自己重新思考，可借机整理思路，寻找突破口。

12．找人商谈也不要抱太大的期望，还是以自己解决问题为主。

13．当别人发表见解时，要认真倾听，用点头、记录等表示赞同。

14．接受别人忠告时，关键在于认真听。应不带主观意见地听人家讲完。

15．多向上级、同事请教自己的难题，能够拓展自己的思路，提升自己处理问题的能力。

16．专业性的问题找谁请教最合适？不妨先和上级商谈一下谁是合适的人选。

17．商谈对象不局限于内部人员，有时还需要和外部人员甚至客户商谈。

18．对方给了自己忠告或为自己出了主意，结束商谈时别忘了道谢。

19．事情过去（或办好）之后，向给了自己忠告的人通报事情的结果，表示感谢。

20．每次找人商谈后都总结经验，渐渐地提高自己的商谈水平。

附录 A

各种沟通手段及其优缺点的比较

1. 当面、口头、亲自表达

优点：

- 肢体语言的信息量大。
- 表情、声音的强弱、语言的微妙，有利于信息传递。
- 看着对方的表情谈话，容易确认是否传递到位了。
- 适用于不想留下痕迹的沟通。

缺点：

- 占用时间太多，容易没讲清或遗漏。
- 不记录就留不下痕迹；无法追踪；难以详细传达。
- 每次能够传达的人数有限；日后会有说过、没说的争论，难以确定。

2. 电话

优点：

- 距离远也能马上沟通。
- 快速，随时可以沟通。
- 紧急时的道歉、第一声的通报最方便。
- 说话方的语气、语音可控。
- 接听方可凭语音、语气做出判断。

缺点：

- 不知对方状态；占用对方的时间；只能传递给一个人；不能详细传达。
- 可能占用时间太多且对方不一定方便。
- 看不到表情，容易发生判断障碍；易听错。

3．信函、商务文书

优点：

- 责任清晰。
- 能减少联络失误。
- 可以留下书面文字。
- 比较郑重，容易引起重视。
- 较复杂的事可以写出大纲和报告书交给对方。
- 不必拘泥于格式。
- 如果是手写的信件，更容易传递感情。

缺点：

- 有可能没有回信。
- （商务文书）分发需要时间。

4．快递

优点：

- 利于文件、实物的传递。
- 迅速，直观。
- 实物比语言文字更具说服力。

缺点：

- 有丢失的风险。

5．电子邮件

优点：

- 一次可联络多人。
- 迅速，快捷，简便。
- 对方不在也能传递。

- 对方可以在自己方便的时候确认。
- 可使用 CC、BCC 方式，比较灵活。
- 可留下记录，可用于需要留下痕迹的联络。

缺点：

- 用文字难以说清的事、需要保密的事、道歉、坏事、微妙的事不宜使用。
- 对方没看见就等于没联络。
- 群发、抄报的打开率、回复率低（又不是专门给我的；不会是重要的事……）。
- 必须确认对方收到了没有。

6．微信

- 可以和很多人反复沟通。
- 可传递图像、影像、声音。
- 既可对外也可对内传递信息。
- 可以建工作群。但是，群太多了会有查阅不及时的弊病。

7．Word、Excel、PPT

- 可以详细传递。
- 可以再加工。
- PPT 表述直观，易于被接受。

8．PDF

- 保持原来的版面状态，无法被篡改。

附录 B

给人事干部的建议

给人事干部的建议一

在自己的团队里，如何贯彻落实学习成果?

公司、企业、单位、机构中的人事干部都有这样的烦恼：现在的员工沟通不理想。培训了，也想了很多办法，虽然大家学的时候热血沸腾、想改变，但结果还是没多大变化!

其实，不是他们没学会。他们也很好学，也愿意学，如今的教育只是“让你知道”，却没重视“该怎么运用”。于是，大多数人都错误地认为，知道了就等于学会了。所以，我觉得没落实的症结就在于学了之后没找到一个能让大家记得住、落得实的方法。再者，周围没有这样的环境，希望他们一下子就有明显的改善，也是不现实的。

本书尽量以通俗的口吻介绍了贴近实战的沟通场景和应对技能，是一本实用性很强的沟通指南。建议将本书作为教材，定期组织团队召开自学讨论会、讲用会，大家来分享学习心得。

例如，周五下午下班前拿出半个小时，只围绕本书的一个项目展开学习讨论。如学习了第 4 章“沟通应该对等”一项后，让大家讨论相关案例，让大家谈自己以往类似的失败、窘迫经验，或亲朋的逸事等，在聊天式的气氛中，学习别人的经验，总结失败的教训。在这样的方式和气氛中，半个小时很快就会过去。下班后大家还会沉浸在这些话题的场景里。

没有大套的理论，不必说教！刚才的谈笑，别人的“囧事”，肯定会给参加者留下很深的印象。相信以后在和别人沟通时，他们会想起这些故事，自会做得更好。

只要人事干部能坚持不懈地组织这样的活动，相信员工会慢慢地接受这些理论，改变自己的思维，改正自己的做法，在潜移默化中一点点地把这些技能转化成自己的行动。

高楼就这样一砖一瓦地盖成；团队的沟通风气也这样渐渐形成；企业文化就是这样由组织引导、由大家创立的。与其奢望一蹴而就，不如扎扎实实地去做，更能落到实地。

给人事干部的建议二

作为上级，你对自己下属的请示/汇报不满意，很是挠头。

当你读完这本书之后，会有这种感觉。

建议你这样操作：

1．想想现在你的团队里，下属的请示/汇报哪里做得不够让你满意？

2．把问题列个清单（参照某些章结尾处的小结，以及本书结尾处的复习各条）。

3．给开列出来的这几个问题排排顺序——哪个最要紧？是当前团队里最大的问题？

4．到书里去寻找对应的章节、案例和解决方法。

5．组织下属专门学习/讨论与此相关的内容（具体实施方法，可参照本文前部分的说明）。

6．展开讨论时上级回避（或在场也不说话），让大家无顾忌地畅所欲言、吐槽。

7．反复几次，让大家在议论中找到症结、澄清观念、获得感悟，激发员工内在的改正动力，并付诸行动。

8．活动中注意充分利用积极分子，用发言、启发来引导大家对书中观念/技巧加深理解。

9．对做得不好的人的发言、事后有改正的人给以褒奖——鼓励现身说法、讲述心得。

10．每次（甚至连续几次）只解决一个问题！待有所改观后，再展开下一个……一步一步地来。

怎样，不妨试试看？

附录C

报联商行为检查表（中、日文对照）

<table>
<tr><td>姓名</td><td colspan="2"></td><td>部门</td><td>受训日期</td><td colspan="3"></td></tr>
<tr><td colspan="8">请对照下面的行为描述，首先由学员进行自评，然后由上司进行他评。通过以下行为评估，观察学员在行为习惯和技能上的提升（5 分——完全符合，4 分——基本符合，3 分——模棱两可，2 分——基本不符合，1 分——完全不符合。）</td></tr>
<tr><td colspan="4" rowspan="2">你觉得自己做到了吗?</td><td colspan="2">培训当天打分</td><td colspan="2">3 个月后再打分</td></tr>
<tr><td>自我评价</td><td>上司评价</td><td>自我评价</td><td>上司评价</td></tr>
<tr><td rowspan="4">汇报</td><td colspan="3">1．有新的想法、合理化建议、改进方案时，主动去汇报</td><td></td><td></td><td></td><td></td></tr>
<tr><td colspan="3">2．在执行过程中出现了意外，不能按原定计划完成时马上汇报</td><td></td><td></td><td></td><td></td></tr>
<tr><td colspan="3">3．事态紧急、重大时，哪怕信息不足，全貌尚不清晰，也应尽快做出第一报</td><td></td><td></td><td></td><td></td></tr>
<tr><td colspan="3">4．上司交办的工作做完了，及时向下指示的上司本人直接汇报</td><td></td><td></td><td></td><td></td></tr>
</table>

续表

你觉得自己做到了吗？		培训当天打分		3 个月后再打分	
		自我评价	上司评价	自我评价	上司评价
	5．在被上司催问进展、现状、结果之前，主动前去汇报				
	6．去汇报时，对有可能被上司问到的问题提前做好应答准备				
	7. 不论汇报什么事，在汇报完过程之后都记得拿出自己的见解或对策				
	8．给上司提供了几个方法、对策后，讲明自己倾向于哪一个，并阐明理由				
	9．越是坏事越要早报，不仅汇报情况，更要拿出自己的对策				
	10．接受了越级上司交办的工作，要同时向下指示的人和直属上司汇报				
联络	1．觉得有必要通知别人的事不要耽搁，马上行动，信息过时就失去了意义				
	2．不附加自己的意见，不掺杂个人臆测，仅向有关人员告知简单的事实信息				
	3．对工作有益的信息，及时和有关人员联络、共享，提高效率，避免浪费				
	4．对需联络的内容无十足把握时，要事前确认				
	5．出差、休假或长期离开岗位时，预计自己工作的走向，事先安排好				
	6．答应别人的事哪怕积极在办，耗费时间长时，也要随时通报现状，以安他人之心				
	7．对帮助自己办事的人，在事办妥之后（或被询问之前），及时通报表示谢意				
	8．联络时注意对方的情绪、周围的环境，采用适当的方式方法（T.P.O.）				

续表

<table>
<tr><td colspan="2" rowspan="2">你觉得自己做到了吗?</td><td colspan="2">培训当天打分</td><td colspan="2">3 个月后再打分</td></tr>
<tr><td>自我评价</td><td>上司评价</td><td>自我评价</td><td>上司评价</td></tr>
<tr><td rowspan="2"></td><td>9．受人委托转达某事时，认真负责地确实转达到本人</td><td></td><td></td><td></td><td></td></tr>
<tr><td>10．重要的联络要留下证据，做到经得起追溯核查</td><td></td><td></td><td></td><td></td></tr>
<tr><td rowspan="10">商谈</td><td>1．遇到问题不是自己苦恼、抱着侥幸心理，而是积极找上司、前辈去商谈</td><td></td><td></td><td></td><td></td></tr>
<tr><td>2．犯了错误、把事办砸了时不要隐瞒，向人请教，可以减少损失</td><td></td><td></td><td></td><td></td></tr>
<tr><td>3．不擅自觉得“上司会这么想吧”而不去商谈</td><td></td><td></td><td></td><td></td></tr>
<tr><td>4．找人商谈前，预测对方有可能要提的问题，做好应对准备</td><td></td><td></td><td></td><td></td></tr>
<tr><td>5．找人请教要自觉，懂得不占用对方太多的时间</td><td></td><td></td><td></td><td></td></tr>
<tr><td>6．坦诚地讲清事情真相，不隐瞒，不回避，以免商谈者判断失误</td><td></td><td></td><td></td><td></td></tr>
<tr><td>7．自己想好“为什么会这样”“下一步我想怎么办”之后再去商谈</td><td></td><td></td><td></td><td></td></tr>
<tr><td>8．既然是找人请教、听取忠告，就不要过于激烈地强调自己的主张</td><td></td><td></td><td></td><td></td></tr>
<tr><td>9．即使被上司驳回或被斥责了一顿也不生气，至少已向上司通报了实情</td><td></td><td></td><td></td><td></td></tr>
<tr><td>10．作为组织的一员，自己也要积极地满足别人的商谈要求</td><td></td><td></td><td></td><td></td></tr>
<tr><td colspan="6">自我补充说明（可对上述内容进行备注说明）</td></tr>
<tr><td colspan="6"></td></tr>
<tr><td colspan="6">上司评价（对评价较低的项目进行备注说明）</td></tr>
<tr><td colspan="6"></td></tr>
</table>

<table>
<tr><td>氏名</td><td></td><td>部署</td><td colspan="2"></td><td>日付</td><td colspan="3">年　月　日</td></tr>
<tr><td colspan="9">下記の報連相関連行為をまず受講者が自分の現状で評価してもらい、そしてその直属する上司にも評価してもらいます。
3ヶ月間隔の評判具合の見比べにより、本人のスキール・アップ効果を評判することによって、セミナーの実効を図ります（5.非常に良くできている　4.できている　3.普通　2.まあまあ　1.全然できていない）</td></tr>
<tr><td colspan="5" rowspan="2">できていると思うか?</td><td colspan="2">研修当日
採点</td><td colspan="2">三ヶ月後
再度</td></tr>
<tr><td>自分</td><td>上司</td><td>自分</td><td>上司</td></tr>
<tr><td rowspan="10">報
告</td><td colspan="4">1. プラーンや提案、建言のある時、進んで報告に行く</td><td></td><td></td><td></td><td></td></tr>
<tr><td colspan="4">2. プラーンが実行す時に、意外を発生して予定通りに仕事を終えない場合、すぐ報告に行く</td><td></td><td></td><td></td><td></td></tr>
<tr><td colspan="4">3. 事態緊急且つ重大な場合、例え情報が欠けて全貌不明であったとしても、すぐ第一報を報告する</td><td></td><td></td><td></td><td></td></tr>
<tr><td colspan="4">4. 上司に指示された仕事を終えた時、即時、指示を下した上司本人に直接報告する</td><td></td><td></td><td></td><td></td></tr>
<tr><td colspan="4">5. 上司に進捗状況や現状結果などを聞かれる前に、進んで報告をする</td><td></td><td></td><td></td><td></td></tr>
<tr><td colspan="4">6. 報告には、上司に質問される可能性のある内容を事前に準備してから報告に臨む</td><td></td><td></td><td></td><td></td></tr>
<tr><td colspan="4">7. どんな内容を報告しても、プロセスを報告した後、自分の対策や見解を打ち出す</td><td></td><td></td><td></td><td></td></tr>
<tr><td colspan="4">8. 上司に複数の対策を提案する場合、自分の見方を明確にして、その理由を言明する</td><td></td><td></td><td></td><td></td></tr>
<tr><td colspan="4">9. 悪い報告こそ早めに報告。状況を報告するだけでなく、対策を出すのは重要</td><td></td><td></td><td></td><td></td></tr>
<tr><td colspan="4">10. 頭越しの指示を受けた時、報告するには指示をする上司と直属上司に同時報告する</td><td></td><td></td><td></td><td></td></tr>
</table>

续表

できていると思うか?		研修当日採点		三ヶ月後再度	
		自分	上司	自分	上司
連絡	1. 必要と思った連絡事項をすぐ連絡する。情報がタイミングを逃したら意味はなくなると理解している				
	2. 自分の意見や推測などを付けくわず、関係のある人に情報を連絡する				
	3. 仕事に関係のある情報を得た場合、タイミング良く関係者と共有にして、効率を高める				
	4. 連絡しようとする情報に対して、確定できない部分を確かめてから連絡をする事がわかる				
	5. 出張や休暇、長時間不在な場合、仕事の動きを予測して、事前段取や関係者に連絡しておく				
	6. 他人に依頼された仕事がたとえ進展していても、時間が掛かる場合、安心させる連絡をする				
	7. 他人に依頼する場合、事後（或いは聞かれる前に）連絡や感謝の挨拶をする				
	8. 連絡する時、相手の都合や、周りの環境などに配慮して適当な手段で連絡をする（T,P,O）				
	9. 他人に伝言を頼まれた場合、真面目に確実に本人に伝える				
	10. 重要な連絡が追跡確認に証拠を残す				
相談	1. 悩みを自分だけ抱えずに、対策を考えて先輩や上司などへ相談に行く				
	2. ミスや過ちを犯した場合、隠したりせずに，相談を通して、損失を最小限に食い止める				
	3. 勝手に「上司がこう考えるだろう」と思って、相談を遠慮する事はしない				

续表

できていると思うか？		研修当日採点		三ヶ月後再度	
		自分	上司	自分	上司
相談	4. 相談する前に、相手に質問される可能性のある内容を用意して、受け答えを準備しておく				
	5. 人に相談する場合、相手の時間を大切にすることを意識しておく				
	6. 事実をはっきり言い、問題点や責任などから逃げず、相談者の判断ミスを極力に避ける				
	7. 自分が「どうしてこうなったか」や「これからどうするつもり」などを用意してから相談へ				
	8. 相談で他人のアドバイスを貰う以上、強く自分の考えを主張することはしない				
	9. 結果的に上司に却下や叱れても悩まず、少なくとも情報を上司に伝えたと考える				
	10. 組織の一員として、自分ても他人からの相談を進んで受けるべし				
自分の採点説明					
上司の採点説明					

附录 D

报联商基础技能理解度检测考卷

姓名：__________ 部门：__________ 日期：________

一、填空题

请从下面给出的参考答案中选出合适的英文字母，填入空格处。（每空 3 分，共 75 分）

1．接受上级指示时应该认真_____，_____要点，_____不清晰处。（答案顺序不可颠倒）

2．接受上级指示时重要的是应该按_____确认内容，认真领会上级的_____。

3．报联商的原则之一是，越是坏事越要_____。

4．完成了上级交办的工作，必须向_____直接汇报。

5．_____汇报尤其容易被我们忽视。

6．讲明问题所在之后，关键的是应该_____。

7．怎么做才不是“等候指示族”？_____

8．汇报时，一定要把_____和_____明确地分开。

9．接受了“越级指示”之后，应该立即向_____汇报。

10．通过第三者间接地传达信息时，自己要负责到底，适时地进行_____。

11．汇报时先报_____，不忙于讲过程，更不摆功，不讲自己的苦劳。

12．汇报使用的语言要_____，不使用语义含混的词汇进行表述。

13．联络的三个基本要素是_____、_____、_____。（答案顺序可颠倒）

14．不自作主张“这种事不必联络吧”，要知道密切通报的重要性，及时_____。

15．联络活动重要的是做到联络_____，因为“通知了”不等于“通知到了”。

16．商谈的合适人选是_____、_____、_____。（答案顺序可颠倒）

17．自己有了新想法、新方案时不能擅自行动，应该先去_____，之后再行动。

参考答案：

a．意图	b．下指示的上级本人	c．复述
d．请示	e．结果	f．联络
g．记录	h．拿出对策	i．准确（或具体）
j．不失时机地	k．自己的推测	l．询问
m．准确地	n．确认	o．直属上级
p．阐明自己的观点	q．6W3H	r．早报
s．到位	t．师长	u．能者（老员工、前辈）
v．事实	w．上级	x．不遗漏内容地
y．中间汇报（或中途汇报、阶段汇报）		

二、单选题（每题 5 分，共 25 分）

1．下面各项是下属为了快速、准确地接受上级的指示所留意的事项，请从中选出你认为不恰当的选项。______

a．被叫到的时候立刻回答，带上笔记本和用具，马上到上级那里去。

b．接受指示的时候，把上级说的要点按照 6W3H 认真记录。

c．上级说的事情自己没听清楚，为了不至于忘记，马上就询问。

d．对于上级经常用的词语，先自己定下记号标记，以便尽快做笔记。

e．接受完指示后，复述一下主要内容，特别是日期和数字等一定要再次确认。

2．上级指示你去 D 公司从 S 那里取一份资料。这时，你该向上级确认什么事情呢？请从下面各项中选出你认为不恰当的选项。______

a．您希望我什么时候把这份资料交给您？

b．是多大的资料？

c．是否和 S 联系之后再去比较好？

d．有无需要向 S 转告或确认之事？

e．拿到资料后，是否要和上级联络？

3．下面各项是下属向上级汇报工作时应特别留意的事项，请从中选出你认为不恰当的选项。________

a．需要汇报多个事项时，按照上级下达指示时的先后顺序，逐次汇报。

b．上级很忙的时候，不是太急的事情，可以留到以后再汇报。

c．汇报完之后，询问上级有没有不明之处。

d．有不好的内容要报告时，先说结果，再汇报原因。重要的是同时拿出自己的对策。

e．接受上级布置的任务后，对于需较长时间才能完成的工作应注意进行中间汇报。

4．你的上级正在和来访客人谈话，原定 30 分钟后他和你外出访客。现在你有急事需要向上级确认。这时，你该如何向上级请示呢？请从下面各项中选出你认为恰当的选项。________

a．进屋去口头告之“有急事需要请示”，把上级叫出来请示。

b．进屋去口头告之“快到外出时间了，外出之前还有急事要请示”。

c．写张纸条递进去“有紧急电话”，把上级叫出来。

d．写张纸条，写上预定外出的时间和“外出之前有急事请示”，递给上级。

e．写张纸条，写上外出时间和“希望结束会谈”，拿给上级看。

5．上级给你布置了任务：由你选定另外两人负责今年的中国进出口商品交易会。接受任务后，你的第一次汇报应该是什么时候？请从下面各项中选出你认为恰当的选项。________

a．工作开展起来才发觉接受任务时对上级的意图领会得模糊，觉得应该再去确认一下。

b．选好了两名助手，准备和他们组成参展小组时。

c．做好了预算，去找上级审批经费时。

d．和兄弟部门协商参展展品的选定，展品的制造、包装、运输等具体事务时，遇到了问题。

e．以上都不是，我觉得应该是______________时候。

参考答案请登录《职场的报联商》网站查询。

后记

记得在开始酝酿这套书的时候，我有一次和编辑沟通时，编辑说了一句“写作很辛苦哦”，当时我心想“有志者，事竟成”，一笑置之。

自 2013 年（蛇年）4 月起念开始，到 2014 年（马年）春节我跑到海口憋了 30 多天，只搭建了一个五册系列丛书的整体架构，再到 2015 年（羊年）的春节，我去西双版纳避寒，闷头写作 45 天，终于完成了第一册，也就是本书。其间，我几乎足不出户、不修边幅，醒了就写，困了才睡，总是写到凌晨三四点，这时才深深感到编辑的那句话不是玩笑——写作，真的很辛苦！

尽管自己有实践经验，写出来的东西就是我反复演讲过许多次的课程内容，可是一动笔才发现，不是我原来想的“把课件的 PPT 展开就是一本书”那么简单。逻辑架构的思维安排，循序渐进的顺序排布，各小节所需案例的选配，都要重新思考、反复斟酌、仔细推敲。至于遣词造句、表述风格、插画、表格、版面，还有小贴士、实技、练习题、铁则等。追求完美的我，那些天头都大了！

羊年的春节，我在西双版纳的泼水广场看着夜空升起的焰火，给自己放了一天假，然后又投入写作。3 月春暖花开时，第一册初稿终于完成。之后几经修改，如今终于成书面市，与起念时竟已时隔 3 年！对于我这个非专业的作者来说，写书真难啊！

这 3 年来，我一直在观察是否有此课题的书籍问世，竟然一直没有！可见国内市场上关于“报联商”的请示、汇报专题，至今没有人认真研究、探讨，仍是空白。

我希望本书能成为击水之石，它的出版能够激起涟漪、浪花，迅速波及管理第一线，改善人们的观念，借助日企成熟的沟通方法这块“他山之石”，改善我们团队沟通的现状。更希望国内读者能够认可这些技能，自觉展开范围更广的探讨和实践，迅速在我国普及这一行之有效的管理沟通方式。

本书在构思、写作过程中得到了很多朋友的鼓励和支持。亲友是我创作的原动力，原来的同事、后来的咨询专员、经营我课程的业务员、听我课的学员，都给了我很多有益的启发和忠告，在此一并感谢。夫人一直默默地支持我，本书能面世其功不可没。

2016年（猴年）春节，本书面市前夜，我正在越南胡志明市写作其姊妹篇——第二册的实际操作篇，仍然刻苦地埋头“爬山”，每天艰辛地笔耕。相信不久的将来就能把它奉献给读者，解答读者学习了第一册的初级内容之后产生的困惑，告诉读者具体实行报联商时该怎么做。

林则徐谪贬新疆，路过酒泉时曾赋诗一首，其中有这样两句“谁道崤函千古险，回看只见一丸泥”。目前第一册完成，第二册正在苦憋，我胸中还在酝酿第三册、第四册、第五册。相信前面的路还很长、很苦，但是总有一天，我会“从头越”！那时回头看这座艰苦攀登的山峰，肯定不过“一丸泥”而已。

2016年2月于三亚